Eintauchen in das Meer der Ruhe

Wer möchte nicht hin und wieder der Hektik des Alltags entrinnen, dem Lärm und Verkehr der Straßen und Plätze, dem geschäftigen Treiben? Entfliehen an einen Ort der Stille, verweilen in einem Meer der Ruhe? Die Geschichten in diesem Band sind literarische Meditationen und erzählen von Wegen zur inneren Einkehr, laden zum Genießen und Innehalten ein. Mit Texten von Samuel Beckett, Raymond Carver, Marie Luise Kaschnitz, Lu Xun, Rose Ausländer, Sylvia Geist und vielen anderen.

Tom Schulz, 1970 in der Oberlausitz geboren, wuchs in Ost-Berlin auf. Zwischen 1991 und 2001 arbeitete er in verschiedenen Jobs in der Bauindustrie. Inzwischen ist er als freier Schriftsteller, Übersetzer und Dozent für kreatives Schreiben tätig und lebt in Berlin. Bisher sind von ihm ein Prosaband und sechs Gedichtbände erschienen, zuletzt *Kanon vor dem Verschwinden. Gedichte* (2009).

insel taschenbuch 4125
Im Meer der Ruhe

Im Meer der Ruhe

Texte zum Innehalten und Entspannen

Ausgewählt von Tom Schulz

Insel Verlag

insel taschenbuch 4125
Originalausgabe
© Insel Verlag Berlin 2012
Quellennachweise am Schluß des Bandes
Vertrieb durch den Suhrkamp Taschenbuch Verlag
Umschlaggestaltung: bürosüd, München
Satz: Hümmer GmbH, Waldbüttelbrunn
Druck: CPI – Ebner & Spiegel, Ulm
Printed in Germany
ISBN 978-3-458-35825-1

1 2 3 4 5 6 – 17 16 15 14 13 12

Inhalt

Max Frisch
Antwort aus der Stille

Es ist ein Tag, wie er zum Wandern kaum schöner sein kann, ein blauer und nicht allzu warmer Tag. Wie weiße Watte hängen die Wolken über dem Tal, ganz still, und in den Wiesen zirpen die Grillen. Noch ist es Sommer; nur daß das Licht, das über den Feldern flimmert, schon eine goldene Milde hat, und es genügt ein einzelnes Blatt, das einmal am Wege liegt und braune Ränder hat, und man denkt an den Herbst, obgleich noch alles grün ist, obgleich die bunten Schmetterlinge flattern und das reifende Korn noch an den Hängen steht.

Schon seit Stunden hat sich der Wandrer kaum eine Rast gegönnt; er hat sein Hemd ausgezogen und trägt den Rucksack auf den bloßen Schultern, die braun sind und glänzen. Es ist ein schwerer Rucksack, beladen mit Seil und Steigeisen, mit Schlafsack und Zelt; auch die Mauerhaken fehlen nicht, und wer immer ihm begegnen würde, erriete es auf den ersten Blick, daß er offenbar Großes vorhat, dieser Wandrer mit dem strammen Schritt und dem Pickel in der schwingenden Hand ...

Aber es begegnet ihm ja niemand.

Es ist ein stilles und einsames Bergtal, manchmal hört man wieder den Bach, der in den Schluchten tost, oder es geht an den hohen Felsen vorbei, wo das Wasser in stäubenden und silbernen Schleiern niederfällt.

Das ist alles noch wie damals, wie vor dreizehn Jahren; damals ging er mit seinem älteren Bruder, der ihm mancherlei zeigte und erklärte, zum Beispiel, wie ein solches Tal entstünde, wie sich die alten Gletscher langsam eine breite Mulde ausgeschliffen hätten, gleichsam wie ein Hobel, und an den Felsen zeigte er die Gletscherschliffe, die es bezeugen konnten, und wenn man in die Weite blickte, erkannte man auch die Terrassen eines alten und höheren Talbodens. Und dann erst, sagte sein erwachsener Bruder, sei der Bach gekommen, der sich die schmalen Schluchten sägte, in vielen Jahrtausenden natürlich.

Daran erinnert sich der einsame Wandrer nun, als er diese Felsen wiedersieht. Damals war er ja noch ein Bub, und man hatte noch das jugendliche Gefühl, daß man ein unabsehbares und fast endloses Leben besitze, und vielleicht war es das erstemal, hier an dieser Stelle, daß er sich wie eine Eintagsfliege vorkam –

Damals vor dreizehn Jahren.

Einmal kommt ein holpernder und ächzender Karren des Weges, und man muß zur Seite treten, solange der Staub aufwirbelt und in weißen Fahnen über die Wiesen sinkt.

Auch an den kleinen Brunnen, der später am Wegrand steht, erinnert sich der einsame Wandrer noch; das muntere Plätschern ist nicht älter geworden, und auch diesmal trinkt er von dem eiskalten Wasser, das manchmal einfach ausbleibt, dann gluckst und sprudelt es wieder um so toller. Köstlich erfrischt es die Stirne, die er unter die Röhre hält; auch die braunen Arme taucht er nochmals in den vermoosten Holztrog, bevor er wieder seinen Pickel ergreift, und bald sind die schwarzen Tropfen auf seinen Schuhen abermals verstaubt und verschwunden.

Vielleicht weiß er selber nicht, warum er sich keine Rast gönnt, trotzdem er eigentlich Zeit genug hat. Oft blickt er nur auf seine wandernden Schuhe und schaut nicht, was links und rechts ist, wie ein Mensch, der eben ein starkes Ziel hat oder jedenfalls meint, daß er eines habe, und der nun einzig und allein noch an dieses Ziel denkt ...

Immer einsamer wird dann der Weg. Kaum daß sich noch einmal eine Hütte zeigt. In den Feldern summt der Mittag, und später, wenn es am wärmsten ist, hört man dann und wann ein dumpfes Rollen, das irgendwo über dem Tale verhallt, ein Steinschlag in den Bergen, wie immer um diese Stunde.

Auch das ist noch wie damals.

Oder vielleicht denkt der einsame Wandrer auch zurück; es ist ein langes Tal, und dreizehn Jahre sind eine lange Zeit, und immer weiter wandert er in seine Erinnerung hinein. Manches läßt ihn lächeln, ganz schwach, sei es aus Scham oder aus heimlichem Neid: bei dieser hölzernen Brücke war es, wo er seinem erwachsenen Bruder, der damals gerade verlobt war, so jugendlich offen und unverfroren erklärte, heiraten sei gewöhnlich, und er würde niemals heiraten, der Siebzehnjährige; denn er wäre kein gewöhnlicher Mensch, sagte er, sondern ein Künstler oder ein Erfinder oder so. Es war das erstemal, daß er dies einem Menschen anvertraute, damals bei dieser hölzernen Brücke, und sein erwachsener Bruder fragte nur, welche Art von Künstler er denn wäre, was er denn schaffte? Und das war natürlich eine Frage, die den Jungen damals sehr verletzte, da er sie nicht beantworten konnte; denn er hatte ja noch nichts geschaffen. Man fühlte nur, daß man kein Mensch wie alle andern war, wie sein erwachsener Bruder zum Beispiel, der verlobt war und den er darum als Inbegriff des gewöhnlichen Menschen verachtete ...

Auch durch Wald geht es manchmal, wo eine moosige

Kühle herrscht und wo es nach Schwämmen riecht oder nach Harz. Graugrün hängen die Flechten an den Ästen, wie uralte Bärte, die sich im Winde leise bewegen, und zwischenhinaus blickt man immer wieder über das verblauende Tal.

Sein Bruder hat später geheiratet und ist nach Afrika ausgewandert, wo er eine Farm hat und viele Kinder, und er, der Jüngere, hat unterdessen weitergehofft und weitergeplant, während ihm die Jugend zwischen den Fingern zerrann. Aus dem Erfinden ist natürlich nichts geworden, trotz der vielen Tage, die er auf dem Estrich verbrachte, und dann versuchte er es auch als Schauspieler, dann mit dem Pinsel, dann mit der Geige. Und einmal kam auch der Tag, wo man einfach aus der Schule weglief, weil man vielleicht ein großer Entdecker wäre; aber er entdeckte damals nur, daß sein Geld nicht lange reichte und daß auch das ein Irrtum war, und man war oft verzweifelt, wie es sich für außergewöhnliche Menschen gehört; aber sein Leben hat er sich nie genommen. Noch konnte man ja sagen: Du bist erst zwanzig, und noch war alles möglich, und wie war man stolz darauf, daß noch alles möglich war! Später hieß es, fünfundzwanzig Jahre wären ja noch kein Alter, und man las gerne von Menschen, die mit fünfundzwanzig Jahren noch nichts geleistet hatten, was ungewöhnlich war, und denen es die Umwelt auch nicht zutraute, daß sie diese oder jene Werke gleichsam in der Tasche trugen. Zwar wußte man noch immer nicht, welcher Art diese kommenden Werke sein sollten; indessen trug man Hüte und Krawatten, wie sie keinem gewöhnlichen Bürger einfallen konnten, und wenn auch manchmal die Angst kam, daß man lächerlich wäre oder vielleicht sogar verrückt, lächerlicher und dümmer und schlechter und wertloser als alle Menschen dieser Erde, so war es wohl ein schmerzlicher Gedanke, aber noch kein trostloser; denn noch war ja die Süße darin, daß man mindestens auf diese Weise ein besonderer Mensch sei, vielleicht ein Verbrecher, und erst als man auch im Schlechten nichts leistete, was andere nicht ebenso konnten, wuchs eine neue und trostlosere Angst, daß es vielleicht überhaupt ausbleiben könnte. Einfach ausbleiben. Eine Hast kam seither in alles Beginnen, eine Ungeduld und ein fieberhafter Ehrgeiz, der ja selten fruchtbar ist. Man kann es in der Tat nicht glauben, daß soviel Sehnsucht, soviel jugendliche Zuversicht, soviel Gefühl und soviel stolze Worte einfach nichts sind, fruchtlos und gewöhnlich. Einmal muß es sich erfüllen, daran glaubt er noch immer, auch wenn er langsam älter und in seinem Reden verhaltener geworden ist. Eine Gnade läßt sich ja nicht zwingen, das hat man langsam eingesehen, und man lernt Geduld, auch wenn es ihm mitunter schwerfällt. Zumal unter Menschen, die ihn nur nach seiner Gegenwart werten, nicht nach seiner Zukunft. Aber man schweigt und wartet, und während man wartet, tut man, was eben die gewöhnlichen Menschen tun; man lächelt natürlich im geheimen, denn man weiß, daß man nur so tut und daß man nicht gewöhnlich ist, man weiß, daß man eigentlich wartet, nur wartet auf das Besondere, auf den Aufbruch, auf die Gnade, auf die Erfüllung, auf den Sinn ...

Unterdessen ist das Tal immer enger und steiler geworden; es gibt nur noch einen Saumpfad, und zwischen den rostroten Föhren, die am steilen Hange stehen, schimmert auch schon der bläuliche Gletscher, dessen breite und zerrissene Zunge in die Tiefe hängt, und immer dünner wird dann das Tosen des Baches, je höher man steigt.

Aber wer einsam wandert, denkt eben immer wieder an allerlei; es ist, als begleite ihn ein Siebzehnjähriger, der ihn fragt, und als schulde man ihm Rechenschaft, als müsse man sich erzählen, daß man alle Schulen bestanden hat, sogar sehr gut, und daß man demnächst selber Lehrer sein wird, daß man eine gute Stelle hat, daß man Doktor ist und Leutnant und verlobt ...

Als er einmal auf einem Felsen sitzt, den offenen Rucksack zwischen den Füßen, hält er eine ganze Weile seinen trockenen Becher in der Hand, als habe er seinen Durst vergessen; es ist neben einem gischtenden und schäumenden Wasser, das über den Weg stürzt, und er blickt in das dunstige Tal zurück, wo schon die Schatten steigen.

Das also ist mein Leben, denkt er immer wieder und findet, daß es kein Leben sei, sondern nur ein Dasein.

Später hält er seinen Becher unter einen Wasserstrahl, so, daß es aufspritzt, und leert ihn zweimal, und dann verfolgt er einen Raubvogel, der über den Felsen kreist, lautlos und in großen Schleifen, fast ohne Flügelschlag. Der Himmel wird übrigens schon blasser, schon abendlicher, und über den geschnittenen Matten, die steil ins Tal hängen, ist ein feuchter und hauchdünner Schleier, kaum sichtbar, aber man spürt, wie wieder ein Jahr vergeht ...

Einmal, als er seinen Rucksack wieder auf die Schultern geschwungen hat und weitersteigt, begegnet ihm auch ein Bergler, der gerade den steilen Weg herabkommt und ein Lasttier am Strick führt, einen Maulesel, der ein wankendes Räf auf dem mageren Rücken trägt und stets am äußersten Rand des Pfades geht, wie es ihre Art ist; und der Staub, den die Hufe aufwirbeln, weht noch lange über den Abgrund hinaus und leuchtet in der abendlichen Sonne wie ein glühender Rauch.

Dann gönnt sich der einsame Wandrer keine Rast mehr,

bis er an jenen Vorsprung kommt, wo das hölzerne Kreuz steht und man plötzlich den großen Ausblick hat, einen Ausblick über das ganze Tal und an den Berg, dessen Bild ihm schon immer vorschwebte: aber einfach ungeheuer ist dieser Klotz, wie er nun wirklich dasteht, und alles Erinnern ist übertroffen. Seine Spitze ragt über ziehenden Wolken. Man sieht, wie der Grat zerklüftet ist, und die Felsen, die oft als senkrechte Wände dastehen, erscheinen gerade wie glühende Kohlen. Indessen wechselt das mit jedem Augenblick, und bald ist es nur noch ein Verglimmen. Später ist es überhaupt erloschen, und der ganze Berg steht wie eine finstere Schlacke da, und die Wolken, die weiterziehen, sind wie graue und weggeblasene Asche.

Aber noch immer hält der Wandrer, der vor dem hölzernen Kreuz sitzt, seinen Feldstecher vor den Augen und schaut nach dem Nordgrat, den noch nie ein Mensch bezwungen hat ...

Sein Herz pocht.

Es ist nur gut, daß niemand weiß, was er vorhat; man würde ihm sagen, es sei Wahnsinn oder Selbstmord, und man würde ihm nichts sagen, was er nicht selber weiß.

Als er seinen Feldstecher endlich wieder versorgt, dunkelt es schon; aber von diesem Kreuz ist es nur noch eine Stunde zum Dörflein, dessen feines und verlorenes Gebimmel man eben hört, und zum Gasthaus, wo er die Nacht verbringen will, vielleicht auch noch zwei oder drei Tage ...

Denn auch das weiß er, daß sein Wagnis eine ernste Arbeit und Geduld verlangt. Er wird sich nochmals in den Felsen üben, damit er auf den Erfolg hoffen kann, ohne den er nicht heimkehren wird. Es ist sein letzter Versuch, wozu er aufgebrochen ist, und niemand wird ihn daran hindern, nicht durch Bitten und nicht durch Warnen. Einmal muß man sein jugendliches Hoffen einlösen, wenn es nicht lächerlich werden soll, einlösen durch die männliche Tat, und es wird sich ja zeigen, ob es ein leerer Größenwahn war oder nicht, woran man so viele Jahre lang glaubte. Einmal muß man es wagen, die Tat oder der Tod, denn ein Leben, wie es sich anläßt, kann und will er nicht ertragen, das hat er sich geschworen, dieses Leben eines Durchschnittsmenschen – nie und nimmer!

Auch das Gasthaus ist noch wie vor dreizehn Jahren; die Zimmer sind aus rohem Holz, die Fensterrahmen verwittert, und draußen, wenn man die Läden aufstößt, fällt der Kalkputz in ganzen Fetzen ab. Und auf der Wiesenterrasse, die drunten vor dem Hause ist, sieht man die Gäste, die sich nach dem Abendessen ergehen; man blickt über die grauen Schindeldächer des kleinen Dorfes, über das verdunkelnde Tal und in die Berge, die nun wie bleiches und sprödes Porzellan sind.

Das ist alles noch wie damals.

Auch daß der Bergführer, der unterdessen einen Bart bekommen hat, wieder an seinem runden Holztisch sitzt, wie er es jeden Abend tut, zusammen mit dem alten kleinen Postmann, der gerne einen Rotwein trinkt, während er seinen Maulesel an einen Baum gebunden hat, und manchmal gibt es sich, daß auch noch Jäger da sind, die Murmeltiere haben, oder es hängt sogar einmal eine Gemse am hölzernen Geländer; dann kommen die weißen Damen und streicheln das tote Fell, während die Herren ihre Zigarre aus dem Mund nehmen, den Schuß suchen oder wissen wollen, wo und wie das schöne Tier erlegt worden sei.

So sind die Abende da droben.

Später geht man wieder hinein, weil es draußen kalt wird;

man blättert vielleicht im Gästebuch, aber der neue Gast hat sich noch nicht eingetragen, und man nennt ihn einfach den Sonderling, sei es, weil er in seinem Bergkleid an den Tisch kam, oder sei es, weil er nach dem Essen sofort verschwunden ist und sich den ganzen Abend nicht mehr zeigt.

Man macht wieder das Spiel mit dem Becher und den Mäusen, das die junge Dänin eingeführt hat, und das Vergnügen ist wieder grenzenlos; sie hat ein Lachen, diese junge Fremde, daß alle mitlachen müssen, die zugegen sind, auch die älteren Herren, die nur zuschauen, und einmal kracht sogar ein Stuhl, als sich jemand vor Lachen nach hinten wirft, ein neuer Stuhl wird geholt, und das Spiel geht weiter ...

Unterdessen liegt der neue Gast, den sie also einen Sonderling nennen, bereits im Bett und wartet auf den Schlaf.

Man möchte ihn um vier Uhr wecken und seinen Lunch bereitlegen, hat er noch gesagt, drunten beim Hausdiener, und auch sein Rucksack steht schon auf dem Stuhl, fix und fertig, damit er in der Frühe keine Zeit verliere.

Wie gut ist das Leben, denkt er, wenn man müde ist und weiß, wozu man am andern Morgen erwachen wird. Man weiß es ja so selten, und immer dieses Aufstehen in ein leeres und unfruchtbares Dasein hinaus, manchmal meint man wohl, man ertrage es nicht länger. Aber man kann ja sehr verzweifelt sein, man kann sich über den Tisch werfen, und manchmal möchte man sogar seinen Kopf nehmen und ihn einfach gegen eine Wand rennen, damit alles zerspritze, was man denkt – am Ende aber, irgendwann, kommt immer ein Schlaf, der stärker ist als alles, stärker als unser Denken und Verzweifeln, und der alle Not einfach aufschiebt und das Denken löscht, bevor es tödlich wird. Und dabei weiß man so genau, daß er ja nichts löst, dieser Schlaf, daß er uns nur zu neuem Verzweifeln stärken will, und daß man am andern Morgen nie weiter ist und dennoch wieder aufstehen muß, ins Weglose hinaus, ohne Glauben und ohne Ziel, ohne Sinn, ohne alles, ohne Berufung, und bloß damit man älter werde, immer noch leerer und ratloser ...

Aber nun soll es ja anders werden, nun weiß er ja, wozu man ihn am andern Morgen wecken wird, und er muß sich nicht grauen vor dem Erwachen, nun hat er ja ein Ziel, woran er denken kann, woran er glauben will, wofür er aufstehen muß!

Indessen findet er lange keinen Schlaf, und dann schlägt es zwölf Uhr, drunten im Dorf, als er noch immer wach liegt –

Vielleicht denkt er auch noch an seine Braut, die nun zu Hause sitzt und vielleicht weint, da sie nicht einmal weiß, wo sie ihn suchen soll, und daran, daß eine liebende Frau wohl immer eine Last ist, weil Liebe allein ja noch keinen Mann erlöst; auch die Frau weiß das, und doch erwartet sie es, im stillen erwartet sie es wohl immer, auch wenn sie manchmal das Gegenteil sagt, und wie soll sie es auch begreifen, da sie im Grunde ganz Liebe ist; wie soll sie begreifen, daß sie ihn mit dem besten Willen nie erfüllen wird und halten kann, auch wenn er sie vielleicht erfüllt, und daß es für ihn darum kein Abstehen gibt in der Liebe, kein Genugsein, sondern immer wieder ein Weitermüssen, sei es in die männliche Untreue oder in die männliche Tat.

*

Am andern Morgen ist es wieder beinahe wolkenlos, und die Gäste, die mit ihren Wanderstöcken herunterkommen, frühstücken im Freien draußen, wo die weißen Tische an der Sonne blenden ...

Manche sind auch schon unterwegs.

In der Wiese oben erkennt man ein rotes Kleid; das ist die junge Fremde, die schon einen ganzen Strauß gepflückt hat. Und am Waldrand weiden auch wieder die schwarzen Ziegen, deren verstreutes Gebimmel man jeden Morgen hört; langsam ziehen sie bergan, getrieben von einem kleinen Mädchen, das einen großen Ast in der Hand hat oder manchmal auch einen Stein wirft, damit die Tiere gehorchen.

Es ist nicht mehr früh, als der Sonderling endlich seine Läden aufschlägt. Das pausenlose Rauschen, das er für strömenden Regen gehalten hat, als man ihn um vier Uhr weckte, ist noch immer da; es ist der Bach, den man aus dem Tale hört. Und wie klar und herrlich leuchtet nun das Gebirge, dessen Grate an eine makellose Bläue grenzen, so weiß und rein, und alles hat schon das hauchlose, fast pralle Licht des späten Morgens, jener Stunde, wo man eben auf dem Gipfel sein sollte!

Aber es ändert ja nichts, wenn man sich ärgert; es ändert nicht, daß man sich verschlafen hat und daß es wieder eine verlorene Zeit ist ...

Es wird ein warmer Tag; in den Wiesen zirpt es wieder, und wo man geht, springen die Heuschrecken zur Seite, oft fingerlange Tiere, die fast mannshoch hüpfen. Am Waldrand sind es die Bienen, die summen. Und manchmal raschelt auch eine Eidechse, die sich auf einem heißen Stein gesonnt hat, oder es leuchtet ein Schmetterling vorüber und entschwindet wieder in flackerndem Zickzack, rot oder gelb, und über den Hängen zittert und flimmert die verblauende Ferne.

Es ist ein sehr gewöhnliches Weglein, womit sich der Sonderling heute begnügen muß; es führt einem kleinen Wässerlein entlang, deren es so viele gibt in dieser Gegend, manchmal laufen sie durch eine hölzerne Rinne, oder sie sind in den Felsen gehauen, dann rieseln und schillern sie wieder über goldbraune Kiesel, immer am Hang entlang, und meistens geht ein solches Weglein daneben, wo man wunderbar schlendern kann, immer geführt von dem leisen und heimlichen Murmeln, dessen silberner Klang sich in dreizehn Jahren nicht verändert hat ...

Vielleicht war es auch ein solches Weglein, wovon er in der vergangenen Nacht geträumt hat, wie sein verstorbener Vater hinter ihm herging; noch ein anderer Herr war dabei, ein Oberst, dessen Züge einmal an den Gastwirt, dann wieder an einen früheren Schwimmlehrer erinnerten, jedenfalls hatte er einen immer vorwurfsvolleren Blick, dieser Oberst, als man ihm einen Stein zeigen sollte, den man gefunden hatte, einen Gletscherschliff, der alles bezeugen konnte, und als man die Hand aufmachte, war sie leer, und alles war nichts, was er seinen Schülern hatte erklären wollen; in einem Nachtkleid, das überall zu kurz war, stand er vor seiner künftigen Klasse, die endlich laut herauslachte ...

Ein alberner Traum.

Einmal schaut er zu, wie eine Bäuerin gerade ihre steile Wiese wässert; das kleine Schmutzkind, das sie in einer Krätze getragen hat, sitzt nun zwischen den beiden zottigen Ziegen, und die hagere Frau, deren Gesicht wie ein harter und dunkelbrauner Holzschnitt anzusehen ist, staut das Bächlein mit einem flachen Stein: in glitzerndem Sprudel springt das Wasser über den Hang, wo es die Gräser abwärtskämmt. Und dann geht sie mit einer kurzen Hacke den kleinen Gräben entlang, die das Wasser in die trockene Wiese verteilen sollen, und sorgt, daß es nirgends staut. Wenn ihre Stunde verflossen ist, geht die Bäuerin und verstopft die Lücke wieder mit Steinen und Moos, damit kein Wasser verlorengehe; an einem solchen Bächlein hängt ja das ganze Dorf, und es ist ein strenger Wochenplan, woran sie sich halten müssen, eine strenge Ordnung um ein bescheidenes Leben.

Auch die hölzerne Schleuse ist noch da, und das freut den Wandrer, als er auf dem federnden Brett steht; da ist er einmal hineingeplumpst, als er den Wanderstock seines Vaters aus dem eiskalten Wasser fischen wollte. Aber es ist sonderbar, alles dünkt ihn kleiner; schon im Gasthaus hat er ja gefunden, die große Veranda sei eingeschrumpft, und auch ein Felsblock am Hang, wo ihn sein Bruder das erste Klettern lehrte, alles ist ihm damals größer erschienen.

Endlich kommt er auch zum großen Bach, dessen Rauschen er durch die Nacht gehört hat, und zur alten Mühle, die schon damals verlassen und verlottert war. Noch heute findet man das eingebrochene Dach, das mit Spinnennetzen verwoben ist, und das morsche Wasserrad, das zwischen Disteln und Brennesseln liegt. Daneben tost und gischtet es. Und ganz draußen steht der einsame Wandrer nun, auf einem kühnen Felsen, inmitten des donnernden Wassers. Er schaut nach dem großen Stausee, den er damals als Junge gebaut hat, und erinnert sich, wie ihm die Leute sagten, er wäre der geborene Baumeister, und alle klopften auf seine Schulter und meinten, daß er einmal ein großer Mann würde. Aber seither hat der Bach natürlich alles weggerissen, Blöcke und Äste, und nichts hat standgehalten, nichts von allem.

Später sitzt er auf einem moosigen Block, zwischen Föhren und verwilderten Tannen, deren unterste Äste noch ins Wasser hängen, und blickt in das immer wechselnde Gischten, in diese silbernen Fächer, wo das Wasser über flache Steine stürzt; manchmal stäuben ganze Schleier herüber, und immerzu hört man ein dumpfes Rollen, wie aus der Ferne, irgendwo unter den blitzenden Wassern.

Vielleicht war es nicht gut, daß er in dieses Tal gekommen ist; alles findet er kleiner, die Zeit ist ja daraus entschwunden, die er vielleicht gesucht hat ...

Er merkt es erst, als seine Hände es schon vollendet haben: aus einem Stück blutroter Rinde, wie sie ringsum auf dem Boden liegt, hat er ein Schifflein geschnitzt, und im ersten Augenblick ist es, als wolle er es wegwerfen, das Bubending in seiner Hand. Aber dann schnitzt er dennoch weiter, sehr sorgsam, damit die spröde Rinde nicht zerspringt, und auch ein kleiner Mast läßt sich noch einbohren, bevor er das Werklein aufs nahe Wasser setzt. Es schwimmt ein wenig schief, und ein Wirbel treibt es im Kreise herum, und er lächelt wohl, während er sein Taschenmesser wieder zusammenklappt, halb beschämt und halb verächtlich, bis das Schifflein einmal fortschwimmen will und er es mit raschem Griff gerettet hat, wie man verachtete Dinge sonst nicht rettet.

Es geht schon gegen Abend, als einmal fremde Leute über die Brücke kommen, deren Stimmen er offenbar nicht hört ...

Wohl eine Viertelstunde haben sie ihm zugeschaut, wie er im Bach steht, das Hemd zurückgekrempelt, damit er ins Wasser greifen und Steine heben kann, und in einem kleinen Stausee, den er mit Blöcken und Ästen erstellt hat, sieht man auch das kindliche Schifflein, das munter umherschwimmt; er scheint voll Eifer, er sammelt gerade die Tannenzapfen, die er zum Verstopfen zwischen den Steinen braucht, und pfeift dazu. Und noch immer hat er sie nicht entdeckt, die nahen Zuschauer auf der Brücke; auch die junge Fremde ist dabei, die das rote Kleid trägt und dem spielenden Mann noch eine ganze Weile zuschaut, als ihre beiden Begleiter schon weitergegangen sind und bereits im Walde drüben verschwinden –

In diesem Augenblick will es der Zufall, daß der Dammbauer wieder mal sein Haar aus der Stirne streichen muß und dabei aufschaut. Und wie vom Blitz getroffen ist. Das tosende Wasser gestattet nicht einmal ein leichtes Wort, das alles lösen könnte, und sie können einander nur anschauen, die Zuschauerin auf der Brücke und der Mann, der wie ein Bub im schäumenden Bach steht und seine gesammelten Tannenzapfen wieder wegwirft, als wären sie gestohlen.

Und später, als er wieder allein ist, hat er mit einem Fußtritt auch den ganzen Stausee zerstört, so, als schäme er sich plötzlich sogar vor diesen stummen Steinen.

*

Irene aber, so heißt die junge Fremde, hat sich natürlich bei dieser Begegnung durchaus nicht soviel gedacht, wie er vielleicht meint. Sie ist ein gesundes und munteres und helles Geschöpf, das in der Morgenfrühe schon Blumen pflückt, und singt, wenn sie durch den abendlichen Wald schlendert ...

Sie ist übrigens mit ihrer Schwester und ihrem Schwager da, schon seit vier Wochen, und das ist ja oft ziemlich langweilig für sie. Zumal wenn dieser Schwager, wie es die Art fast aller Männer ist, immer und immer wieder von seinem Beruf erzählt. Dann nickt sie nur und pfeift dazu, oder sie zieht Halme durch den Mund, die sie im Vorübergehen abrupft, oder wenn einmal ein großer Pilz am Wegrand steht, ein Eierschwamm zum Beispiel, so schlägt sie mit ihrem Wanderstock hinein, daß alles zerfällt und zerstäubt. Jedenfalls muß sie immer irgendwas tun, und ihre Schwester, die übrigens jünger ist, hat diese Ungeduld schon oft getadelt; nicht einmal ein Buch könne Irene lesen, pflegt sie zu sagen, und das stimmt auch. Wenn man auf einer Bank oder in einer Wiese sitzt, kann es vorkommen, daß Irene einmal das Buch zur Hand nimmt, das man ihr geschenkt hat; aber es muß nur ein Käfer kommen, damit sie die erfundene Geschichte vergißt und den Wind darin weiterblättern läßt. Sie läßt das Tier sogar über die Buchstaben wandern und redet mit den Käfern, dänisch natürlich, auch mit den häßlichen; dann stellt sie ihnen tückische Hindernisse, die sie überwinden müssen, und wenn sich ein Käfer nicht befreien kann, bis sie zwölf gezählt hat, wird er mit einem Stein zerquetscht und getötet, und nur die tapferen Käfer bekommen ihre Freiheit und ihr Leben wieder, als gerechten Lohn, denn alles muß verdient sein. Am liebsten aber, so scheint es, spielt Irene mit den Kindern, die ihr auch jedesmal entgegenlaufen, sobald man sich wieder dem Gasthaus nähert, ja, und dann hat Irene auch die Geduld, die ihr sonst so mangelt; es sind die Kinder des Wirtes, zwei lustige Knirpse, die nur Französisch plappern, und Irene versteht ja kaum ein Wort, aber es geht tadellos. Sie hat ihnen gezeigt, wie man Körbe flicht, und neulich gingen sie zusammen in die Heidelbeeren, bis alle mit schwarzen Mäulern heimgekommen sind; jeden Tag hat Irene neue Einfälle, einmal hat sie ihnen die Fingernägel geschnitten, und auch das machte ihnen schallende Freude. Und am Abend muß sie die beiden Rangen immer mit eigener Hand in ihre Betten legen, da sie sich sonst von ihrer Freundin nicht trennen wollen; dann gibt es jedesmal, je nach Benehmen, oben einen Kuß oder unten einen Klaps.

So ist Irene.

Sie ist nicht ein Mensch, der sich im Grübeln gefällt, und

nach dem Abendessen, als sie wieder um den Kamin sitzen und das ausgelassene Becherspiel machen, denkt sie gewiß nicht daran, daß jemand im Hause ist, der ihr helles Gelächter ganz und gar auf seine Person bezieht. Vielleicht hat sie den verflossenen Tag überhaupt schon vergessen. Sie ist ja eine Frau, sie lebt nicht in Gedanken, sondern in Zuständen, und was kümmert es sie in diesem Zustand munteren Spielens, daß sich der Sonderling, der nachmittags im rauschenden Bach stand und seine vergangene Bubenzeit nochmals aufbauen wollte, inzwischen als Doktor Leuthold eingetragen hat? Sie sitzt in ihrem langen Abendkleid und kümmert sich, wie es der Augenblick fordert, einzig und allein um die Stoffmäuse, die sie mit dem Becher haschen soll, und hat keine Ahnung, daß sie eine heimliche Rolle spielt, daß sie männliche Entschlüsse bestimmt, durch zwei Stockwerke hindurch ...

Am nächsten Morgen, als man wieder zum Frühstück erscheint und sich an die weißen Tische setzen will, die in der Sonne blenden, stehen alle Gäste um das Fernrohr herum, und jeder will nach den Felsen schauen, die gerade von der Morgensonne gestreift werden. Es sei ein Mensch in der Wand! so heißt es, und sogar der deutsche Herr, der das Fernrohr eben benützt hat, findet es allerhand. Dann wollen es auch die Damen sehen, voll entsetzter Neugier. Schon seit drei Stunden sei er im Fels, sagt der Wirt, und dann vernimmt man auch, daß diese Wand schon seit vier Jahren nicht mehr bezwungen worden sei, weil sie immer starken Steinschlag habe. Und daß sie überhaupt nur durch einen heiklen Kamin erklettert werden könne, der senkrecht und beinahe grifflos sei, und wenn man diesen nicht finde, sei alles hoffnungslos.

Es ist ein aufregender Morgen.

Auch Irene blickt einmal durchs Fernrohr: in einem Kreis,

dessen Ränder in allen Regenbogenfarben zerfließen, schaut sie den besonnten und knochengelben Felsen, vielleicht in der Größe einer hohen Domwand, und darin den kleinen Mann, der sich nur sehr langsam bewegt; man erkennt genau, wie er tastet, wie er die Griffe prüft, ehe er einen großen Schritt ansetzt und sich langsam emporstemmt. Und wie er sich abermals umschaut, sehr lange, bevor er wieder zurückgeht und es anderswo versucht; man sieht sogar, wie er manchmal Steine löst und in die Tiefe wirft, ganz lautlos natürlich, was sehr unwirklich und unheimlich anmutet, und wie er einmal eine glatte Wand durchquert, indem er nur mit den Händen in einer schrägen Felsritze hangelt, und dann kommt er wieder in den Schatten und man sieht lange nicht mehr, was er macht ...

So vergeht der ganze Vormittag.

Irene hört jedesmal ihr eignes Herz klopfen, wenn sie wieder vom Fernrohr zurücktritt; aber noch immer ahnt sie nicht, daß eben sie es ist, die ihn in diese Wand getrieben hat, in diesen verrückten Streich, wie man es allgemein nennt.

Erst als es zum Mittagessen geklingelt hat, schon dreimal, wird das Fernrohr verlassen und die ganze Sache vorübergehend nur noch im Gespräch verfolgt; dabei hört man, während man die Suppe ißt, nicht nur die verschiedensten Ansichten, lobende und tadelnde, zuversichtliche und schwarzseherische, man hört vor allem auch, lauter als sonst, das Geklirr der Bestecke, als würde heute besonders hastig gegessen, damit der Mann nicht abstürzt, bevor man wieder am Fernrohr steht ...

Aber er stürzt überhaupt nicht ab.

Sonderbar ist die Stille, die einen keuchenden Kletterer auf dem Gipfel empfängt, eine Stille, die nicht auf ihn gewartet hat, die sich nicht um seine Ankunft kümmert und ihn auf eine unheimliche Weise fast verlegen macht, jetzt, da er sein Streben erfüllt hat und stolz sein möchte, eine Stille, die nichts von Ehrgeiz weiß ...

Endlich schnallt er seinen Rucksack ab.

Wie am ersten Tag, als Gott das Licht schuf, so blendet das weiße Gebirge ringsum, das sich in den hohen und blauen Himmel zackt, so klar und scharf und spitz wie lauter Kristalle, Gipfel neben Gipfel, so weit man schaut, wie Gottes steile und silberne Handschrift, hingeschrieben an den glühenden Rand dieser Welt!

Später, als er sich Stirn und Hals und Arme eingeschmiert hat und endlich seine Sonnensalbe wieder versorgt, denkt er vielleicht auch einen Augenblick lang an die junge Fremde, die ihn gestern im Bach gesehen hat; aber nur einen Augenblick lang –

Es ist, als löse sie alles Denken auf, diese Stille, die über der Welt ist; man hört nur noch sein eignes Herz, das klopft, oder mitunter den Wind, der in den Ohrmuscheln saust. Und wenn einmal eine schwarze Dohle um die Felsen segelt und wieder mit heiserem Schrei entschwindet, immer bleibt diese einsame Stille zurück, die um alles Leben ist und jeden Aufschrei verschluckt, als sei er nie gewesen, diese namenlose Stille, die vielleicht Gott oder das Nichts ist.

Und die dem Wandrer nicht leicht wird.

Er hat dann, damit er irgendwas tun kann, seinen Feldstecher genommen und betrachtet wieder mal den Nordgrat, indem er sich zwischen die Felsen stützt, so, daß er ganz stillhalten kann; es ist wirklich ein ungeheurer Grat, wenn man ihn aus der Nähe betrachtet, Stufe um Stufe. Da gibt es senkrechte und sogar überhängende Wände, und niemand weiß, ob sie überhaupt Griffe haben. Er schraubt seinen Feldstecher noch schärfer, aber die Griffe kommen natürlich nicht heraus, nur eine überhängende Wächte wird erkennbar, die immer wieder den Grat durchbricht, und einzelne Felsnadeln stehen wirklich da, als habe sie der Teufel erfunden, wie ein Zierat des Todes.

Als er seinen Feldstecher sinken läßt, hat er noch nicht die Hälfte des ganzen Grates durchforscht.

Aber Befehl ist Befehl, und da gibt es kein Murren, warum gerade er diesen Grat versuchen soll, den noch nie ein Mensch bezwungen hat; kein Zweifeln und Fragen, ob es wirklich schon genügt, daß sich der Mensch ein Ziel setzt, und gleichviel, ob es Gott gefällt oder nur unseren Mitmenschen, und gleichviel, ob es wirklich aus einer Sehnsucht kommt oder nur aus dem Willen ...

Befehl ist Befehl.

Er hat sich übrigens bald wieder auf den Abstieg gemacht; kaum eine Viertelstunde ist er auf dem Gipfel geblieben, trotzdem es so herrlich ist, kaum eine Viertelstunde ...

Vielleicht brauchte es ein sehr reines Gewissen, damit es dieser reinen Stille standhielte; sonst könnte es ja sein, daß in einer Stunde alles zusammenfällt und sich auflöst, was man ein Leben lang so sorgsam gebaut und gepflegt hat, daß sich vielleicht ein heldischer Ehrgeiz als eitel entpuppt, als bloße Ausflucht, und daß am Ende, wenn man lange so dasäße, nur noch der dunkle Fleck bleibt, irgendeine Grundlüge des Herzens, die man ahnt und schon immer fürchtet und mit hundert Versuchen verdecken will, weil man einfach nicht den Mut hat, den Mut zur offenen Einsicht, zur wirklichen Wandlung.

Gegen Abend, als er wieder ins Tal kommt, hat sich der

Himmel bedeckt; wie Tücher ziehen die Wolkenschatten über die hohen Firne, die einen dünnen Goldglanz tragen, auch über die Hänge kriechen sie hinauf, und es ist schön, wenn man ihnen zuschaut, diesen ziehenden Wolken und den Schatten und den Wäldern, die nun braun und violett werden. Ein bläulicher Hauch erfüllt das abendliche Tal, und manchmal gelingt es der Sonne, daß sie nochmals durchbricht und ihre schrägen Strahlen durch den Raum wirft, wie ein Bündel silberner Speere.

Irene sitzt in ihrem Liegestuhl, und warum soll sie den Wandrer nicht ansprechen, da er auf die Terrasse tritt und nach dem Wetter schaut?

Er habe den schönen Tag gerade noch erwischt, meint sie und will wissen, ob er denn eine klare Aussicht getroffen habe.

»O ja!« Er steht am Geländer, die linke Hand in der Hosentasche, und raucht aus seiner Pfeife, und gewiß ist es ihm nicht unangenehm, daß sie ihn also in jener Wand gesehen hat, sie, die ihn gestern sah, als er wie ein Bub im Bach stand und mit dem Rindenschifflein spielte. Es ist eine kühne Wand, die er heute bezwungen hat, das muß man schon sagen, und herrlich ist es, wie sich gerade die Wolken darüber schieben; kaum läßt sich noch unterscheiden, was Gebirge ist und was Gewölk, da nun alles glüht und verschmilzt.

Er habe wohl noch Großes vor? fragt sie, während sie ihre Tasche zusammenpackt, da es auf der Terrasse draußen kühl wird. Und er nimmt seine Pfeife aus dem Mund:

»Den Nordgrat – ja.«

Er sagt es übrigens sehr bescheiden, sehr schlicht und natürlich. Aber die junge Fremde weiß nicht, was das heißt; sie weiß nicht, daß sie der erste Mensch ist, dem er es anvertraut und vielleicht darum anvertraut, damit es für ihn kein Zurück mehr gibt; sie packt nur ihre Handarbeit zusammen, sehr gelassen, als habe er von irgendeinem Ausflug gesprochen –

Dieser Nordgrat solle ja nicht einfach sein, sagt er dann selber, jedenfalls habe ihn noch nie ein Mensch bezwungen.

Und er wolle ihn nun bezwingen?

Mit einem forschen Schwung kämmt sie ihr Haar zurück, das der Wind zerzaust hat, und lächelt, durchaus nicht spöttisch oder zweifelnd, nur sehr gleichgültig; dann steckt sie den roten Kamm wieder ein:

»Aber wozu denn?« fragt sie.

Er schaut sie nur an ...

Man kann nicht sagen, daß sie geradezu schön sei; sie hat große und sehr weiße Zähne, dazu ein braunes Gesicht, und ihr Haar trägt einen blassen Glanz, und was dieses Gesicht so verwirrend macht, sind vielleicht nur die Augen, diese raschen und wachen Augen, die einen fast frechen und sehr schleierlosen und oft übermütigen Blick haben.

Wozu denn ...?

Er hat noch immer keine Antwort gefunden auf ihre unbefangene Frage; er zuckt nur mit den Achseln, halb verlegen und halb verächtlich, da sie ja, wie es scheint, von solchen Dingen nichts versteht, und dann raucht er wieder aus seiner Pfeife, während sie aufsteht und ihre Siebensachen zusammennimmt:

Er wolle gewiß in die Zeitung kommen, sagt sie; dabei blickt sie ihn an und lacht sehr lustig, durchaus nicht boshaft, nur sehr offenherzig ...

Dann klingelt es zum Abendessen.

Adalbert Stifter
Granit

Vor meinem väterlichen Geburtshause, dicht neben der Eingangstür in dasselbe, liegt ein großer achteckiger Stein von der Gestalt eines sehr in die Länge gezogenen Würfels. Seine Seitenflächen sind roh ausgehauen, seine obere Fläche aber ist von dem vielen Sitzen so fein und glatt geworden, als wäre sie mit der kunstreichsten Glasur überzogen. Der Stein ist sehr alt, und niemand erinnert sich, von einer Zeit gehört zu haben, wann er gelegt worden sei. Die urältesten Greise unsers Hauses waren auf dem Steine gesessen, so wie jene, welche in zarter Jugend hinweggestorben waren und nebst all den andern in dem Kirchhofe schlummern. Das Alter beweist auch der Umstand, daß die Sandsteinplatten, welche dem Steine zur Unterlage dienen, schon ganz ausgetreten und dort, wo sie unter die Dachtraufe hinausragen, mit tiefen Löchern von den herabfallenden Tropfen versehen sind.

Eines der jüngsten Mitglieder unseres Hauses, welche auf dem Steine gesessen waren, war in meiner Knabenzeit ich. Ich saß gerne auf dem Steine, weil man wenigstens dazumal eine große Umsicht von demselben hatte. Jetzt ist sie etwas verbaut worden. Ich saß gerne im ersten Frühlinge dort, wenn die milder werdenden Sonnenstrahlen die erste Wärme an der Wand des Hauses erzeugten. Ich sah auf die geackerten, aber noch nicht bebauten Felder hinaus, ich sah dort manchmal ein Glas wie einen weißen feurigen Funken schimmern und glänzen, oder ich sah einen Geier vorüberfliegen, oder ich sah auf den fernen blaulichen Wald, der mit seinen Zacken an dem Himmel dahingeht, an dem die Gewitter und Wolkenbrüche hinabziehen, und der so hoch ist, daß ich meinte, wenn man auf den höchsten Baum desselben hinaufstiege, müßte man den Himmel angreifen können. Zu andern Zeiten sah ich auf der Straße, die nahe an dem Hause vorübergeht, bald einen Erntewagen, bald eine Herde, bald einen Hausierer vorüberziehen. Im Sommer saß gerne am Abende auch der Großvater auf dem Steine und rauchte sein Pfeifchen, und manchmal, wenn ich schon lange schlief oder in den beginnenden Schlummer nur noch gebrochen die Töne hinein hörte, saßen auch teils auf dem Steine, teils auf dem danebenen befindlichen Holzbänkchen oder auf der Lage von Baubrettern junge Bursche und Mädchen und sangen anmutige Lieder in die finstere Nacht.

Unter den Dingen, die ich von dem Steine aus sah, war öfter auch ein Mann von seltsamer Art. Er kam zuweilen auf der Hossenreuther Straße mit einem glänzenden schwarzen Schubkarren heraufgefahren. Auf dem Schubkarren hatte er ein glänzendes schwarzes Fäßchen. Seine Kleider waren zwar vom Anfange an nicht schwarz gewesen, allein sie waren mit der Zeit sehr dunkel geworden und glänzten ebenfalls. Wenn die Sonne auf ihn schien, so sah er aus, als wäre er mit Öl eingeschmiert worden. Er hatte einen breiten Hut auf dem Haupte, unter dem die langen Haare auf den Nacken hinabwallten. Er hatte ein braunes Angesicht, freundliche Augen, und seine Haare hatten bereits die gelblich weiße Farbe, die sie bei Leuten unterer Stände, die hart arbeiten müssen, gerne bekommen. In der Nähe der Häuser schrie er gewöhnlich etwas, was ich nicht verstand. In Folge dieses Schreiens kamen unsere Nachbarn aus ihren Häusern heraus, hatten Gefäße in der Hand, die meistens schwarze hölzerne Kannen waren, und begaben sich auf unsere Gasse. Während dies geschah, war der Mann vollends näher gekommen und schob seinen Schubkarren auf unsere Gasse herzu. Da hielt er stille, drehte den Hahn in dem Zapfen seines Fasses und ließ einem jeden, der unterhielt, eine braune zähe Flüssigkeit in sein Gefäß rinnen, die ich recht gut als Wagenschmiere erkannte und wofür sie ihm eine Anzahl Kreuzer oder Groschen gaben. Wenn alles vorüber war und die Nachbarn sich mit ihrem Kaufe entfernt hatten, richtete er sein Faß wieder zusammen, strich alles gut hinein, was hervorgequollen war, und fuhr weiter. Ich war bei dem Vorfalle schier alle Male zugegen; denn wenn ich auch eben nicht auf der Gasse war, da der Mann kam, so hörte ich doch so gut wie die Nachbarn sein Schreien und war gewiß eher auf dem Platze als alle andern.

Eines Tages, da die Lenzsonne sehr freundlich schien und alle Menschen heiter und schelmisch machte, sah ich ihn wieder die Hossenreuther Straße herauffahren. Er schrie in der Nähe der Häuser seinen gewöhnlichen Gesang, die Nachbarn kamen herbei, er gab ihnen ihren Bedarf, und sie entfernten sich. Als dieses geschehen war, brachte er sein Faß wie zu sonstigen Zeiten in Ordnung. Zum Hineinstreichen dessen, was sich etwa an dem Hahne oder durch das Lockern des Zapfens an den untern Faßdauben angesammelt hatte, hatte er einen langen, schmalen, flachen Löffel mit kurzem Stiele. Er nahm mit dem Löffel geschickt jedes Restchen Flüssigkeit, das sich in einer Fuge oder in einem Winkel versteckt hatte, heraus und strich es bei den scharfen Rändern des Spundloches hinein. Ich saß, da er dieses tat, auf dem Steine und sah ihm zu. Aus Zufall hatte ich bloße Füße, wie es öfter geschah, und hatte Höschen an, die mit der Zeit zu kurz geworden waren. Plötzlich sah er von seiner Arbeit zu mir herzu und sagte: »Willst du die Füße eingeschmiert haben?«

Ich hatte den Mann stets für eine große Merkwürdigkeit gehalten, fühlte mich durch seine Vertraulichkeit geehrt und hielt beide Füße hin. Er fuhr mit seinem Löffel in das Spundloch, langte damit herzu und tat einen langsamen Strich auf jeden der beiden Füße. Die Flüssigkeit breitete sich schön auf der Haut aus, hatte eine außerordentlich klare, goldbraune Farbe und sandte die angenehmen Harzdüfte zu mir empor. Sie zog sich ihrer Natur nach allmählich um die Rundung meiner Füße herum und an ihnen hinab. Der Mann fuhr indessen in seinem Geschäfte fort, er hatte ein paar Male lächelnd auf mich herzugeblickt, dann steckte er seinen Löffel in eine Scheide neben das Faß, schlug oben das Spundloch zu, nahm die Tragbänder des Schubkarrens auf sich, hob letzteren empor und fuhr damit davon. Da ich nun allein war und ein zwar halb angenehmes, aber desungeachtet auch nicht ganz beruhigtes Gefühl hatte, wollte ich mich doch auch der Mutter zeigen. Mit vorsichtig in die Höhe gehaltenen Höschen ging ich in die Stube hinein. Es war eben Samstag, und an jedem Samstage mußte die Stube sehr schön gewaschen und gescheuert werden, was auch heute am Morgen geschehen war, so wie der Wagenschmiermann gerne an Samstagen kam, um am Sonntage dazubleiben und in die Kirche zu gehen. Die gut ausgelaugte und wieder getrocknete Holzfaser des Fußbodens nahm die Wagenschmiere meiner Füße sehr begierig auf, so daß hinter jedem meiner Tritte eine starke Tappe auf dem Boden blieb. Die Mutter saß eben, da ich hereinkam, an dem Fenstertische vorne und nähte. Da sie mich so kommen und vorwärts schreiten sah, sprang sie auf. Sie blieb einen Augenblick in der Schwebe, entweder weil sie mich so bewunderte oder weil sie sich nach einem Werkzeuge umsah, mich zu empfangen. Endlich aber rief sie: »Was hat denn dieser heillose, eingefleischte Sohn heute für Dinge an sich?«

Und damit ich nicht noch weiter vorwärts ginge, eilte sie mir entgegen, hob mich empor und trug mich, meines Schrekkes und ihrer Schürze nicht achtend, in das Vorhaus hinaus. Dort ließ sie mich nieder, nahm unter der Bodenstiege, wohin wir, weil es an einem andern Orte nicht erlaubt war, alle nach Hause gebrachten Ruten und Zweige legen mußten und wo ich selber in den letzten Tagen eine große Menge dieser Dinge angesammelt hatte, heraus, was sie nur immer erwischen konnte, und schlug damit so lange und so heftig gegen meine Füße, bis das ganze Laubwerk der Ruten, meine Höschen, ihre Schürze, die Steine des Fußbodens und die Umgebung voll Pech waren. Dann ließ sie mich los und ging wieder in die Stube hinein.

Ich war, obwohl es mir schon von Anfange bei der Sache immer nicht so ganz vollkommen geheuer gewesen war, doch über diese fürchterliche Wendung der Dinge, und weil ich mit meiner teuersten Verwandten dieser Erde in dieses Zerwürfnis geraten war, gleichsam vernichtet. In dem Vorhause befindet sich in einer Ecke ein großer Steinwürfel, der den Zweck hat, daß auf ihm das Garn zu den Hausweben mit einem hölzernen Schlägel geklopft wird. Auf diesen Stein wankte ich zu und ließ mich auf ihn nieder. Ich konnte nicht einmal weinen, das Herz war mir gepreßt und die Kehle wie mit Schnüren zugeschnürt. Drinnen hörte ich die Mutter und die Magd beratschlagen, was zu tun sei, und fürchtete, daß, wenn die Pechspuren nicht weggingen, sie wieder herauskommen und mich weiter züchtigen würden.

In diesem Augenblicke ging der Großvater bei der hintern Tür, die zu dem Brunnen und auf die Gartenwiese führt, herein und ging gegen mich hervor. Er war immer der Gütige gewesen und hatte, wenn was immer für ein Unglück gegen uns Kinder hereingebrochen war, nie nach dem Schuldigen gefragt, sondern nur stets geholfen. Da er nun zu dem Platze, auf dem ich saß, hervorgekommen war, blieb er stehen und sah mich an. Als er den Zustand, in welchem ich mich befand, begriffen hatte, fragte er, was es denn gegeben habe und wie es mit mir so geworden sei. Ich wollte mich nun erleichtern, allein ich konnte auch jetzt wieder nichts erzählen, denn nun brachen bei dem Anblicke seiner gütigen und wohlmeinenden Augen alle Tränen, die früher nicht hervorzukommen vermocht hatten, mit Gewalt heraus und rannen in Strömen herab, so daß ich vor Weinen und Schluchzen nur gebrochene und verstümmelte Laute hervorbringen und nichts tun konnte als die Füßchen emporheben, auf denen jetzt auch aus dem Peche noch das häßliche Rot der Züchtigung hervorsah.

Er aber lächelte und sagte: »So komme nur her zu mir, komme mit mir.«

Bei diesen Worten nahm er mich bei der Hand, zog mich sanft von dem Steine herab und führte mich, der ich ihm vor Ergriffenheit kaum folgen konnte, durch die Länge des Vorhauses zurück und in den Hof hinaus. In dem Hofe ist ein breiter, mit Steinen gepflasterter Gang, der rings an den Bauwerken herumläuft. Auf diesem Gange stehen unter dem Überdache des Hauses gewöhnlich einige Schemel oder derlei Dinge, die dazu dienen, daß sich die Mägde beim Hecheln des Flachses oder andern ähnlichen Arbeiten darauf niedersetzen können, um vor dem Unwetter geschützt zu sein. Zu einem solchen Schemel führte er mich hinzu und sagte: »Setze

dich da nieder, und warte ein wenig, ich werde gleich wieder-
kommen.«

Mit diesen Worten ging er in das Haus, und nachdem ich
ein Weilchen gewartet hatte, kam er wieder heraus, indem
er eine große, grünglasierte Schüssel, einen Topf mit Wasser
und Seife und Tücher in den Händen trug. Diese Dinge stellte
er neben mir auf das Steinpflaster nieder, zog mir, der ich auf
dem Schemel saß, meine Höschen aus, warf sie seitwärts,
goß warmes Wasser in die Schüssel, stellte meine Füße hinein und wusch sie so lange mit Seife und Wasser, bis ein großer, weiß und braun gefleckter Schaumberg auf der Schüssel stand, die Wagenschmiere, weil sie noch frisch war, ganz
weggegangen und keine Spur mehr von Pech auf der Haut zu
erblicken war. Dann trocknete er mit den Tüchern die Füße
ab und fragte: »Ist es nun gut?«

Ich lachte fast unter den Tränen, ein Stein nach dem andern war mir während des Waschens von dem Herzen gefallen, und waren die Tränen schon linder geflossen, so drangen
sie jetzt nur mehr einzeln aus den Augen hervor. Er holte mir
nun auch andere Höschen und zog sie mir an. Dann nahm er
das trocken gebliebene Ende der Tücher, wischte mir damit
das verweinte Angesicht ab und sagte: »Nun gehe da über
den Hof bei dem großen Einfahrtstore auf die Gasse hinaus,
daß dich niemand sehe und daß du niemandem in die Hände
fallest. Auf der Gasse warte auf mich, ich werde dir andere
Kleider bringen und mich auch ein wenig umkleiden. Ich
gehe heute in das Dorf Melm, da darfst du mitgehen, und
da wirst du mir erzählen, wie sich dein Unglück ereignet hat
und wie du in diese Wagenschmiere geraten bist. Die Sachen
lassen wir da liegen, es wird sie schon jemand hinwegräu-
men.«

Mit diesen Worten schob er mich gegen den Hof und ging in das Haus zurück. Ich schritt leise über den Hof und eilte bei dem Einfahrtstore hinaus. Auf der Gasse ging ich sehr weit von dem großen Steine und von der Haustür weg, damit ich sicher wäre, und stellte mich auf eine Stelle, von welcher ich von ferne in die Haustür hineinsehen konnte. Ich sah, daß auf dem Platze, auf welchem ich gezüchtigt worden war, zwei Mägde beschäftigt waren, welche auf dem Boden knieten und mit den Händen auf ihm hin- und herfuhren. Wahrscheinlich waren sie bemüht, die Pechspuren, die von meiner Züchtigung entstanden waren, wegzubringen. Die Hausschwalbe flog kreischend bei der Tür aus und ein, weil heute unter ihrem Neste immer Störung war, erst durch meine Züchtigung und nun durch die arbeitenden Mägde. An der äußersten Grenze unserer Gasse, sehr weit von der Haustür entfernt, wo der kleine Hügel, auf dem unser Haus steht, schon gegen die vorbeigehende Straße abzufallen beginnt, lagen einige ausgehauene Stämme, die zu einem Baue oder zu einem anderen ähnlichen Werke bestimmt waren. Auf diese setzte ich mich nieder und wartete.

Endlich kam der Großvater heraus. Er hatte seinen breiten Hut auf dem Haupte, hatte seinen langen Rock an, den er gerne an Sonntagen nahm, und trug seinen Stock in der Hand. In der andern hatte er aber auch mein blaugestreiftes Jäckchen, weiße Strümpfe, schwarze Schnürstiefelchen und mein graues Filzhütchen. Das alles half er mir anziehen und sagte: »So, jetzt gehen wir.«

Wir gingen auf dem schmalen Fußwege durch das Grün unsers Hügels auf die Straße hinab und gingen auf der Straße fort, erst durch die Häuser der Nachbarn, auf denen die Frühlingssonne lag und von denen die Leute uns grüßten, und dann in das Freie hinaus. Dort streckte sich ein weites Feld und schöner grüner Rasen vor uns hin, und heller, freundlicher Sonnenschein breitete sich über alle Dinge der Welt. Wir gingen auf einem weißen Wege zwischen dem grünen Rasen dahin. Mein Schmerz und mein Kummer war schon beinahe verschwunden, ich wußte, daß ein guter Ausgang nicht fehlen konnte, da der Großvater sich der Sache annahm und mich beschützte; die freie Luft und die scheinende Sonne übten einen beruhigenden Einfluß, und ich empfand das Jäckchen sehr angenehm auf meinen Schultern und die Stiefelchen an den Füßen, und die Luft floß sanft durch meine Haare.

Als wir eine Weile auf der Wiese gegangen waren, wie wir gewöhnlich gingen, wenn er mich mitnahm, nämlich daß er seine großen Schritte milderte, aber noch immer große Schritte machte und ich teilweise neben ihm trippeln mußte, sagte der Großvater: »Nun sage mir doch auch einmal, wie es denn geschehen ist, daß du mit so vieler Wagenschmiere zusammengeraten bist, daß nicht nur deine ganzen Höschen voll Pech sind, daß deine Füße voll waren, daß ein Pechfleck in dem Vorhause ist, mit Pech besudelte Ruten herumliegen, sondern daß auch im ganzen Hause, wo man nur immer hinkömmt, Flecken von Wagenschmiere anzutreffen sind. Ich habe deiner Mutter schon gesagt, daß du mit mir gehest, du darfst nicht mehr besorgt sein, es wird dich keine Strafe mehr treffen.«

Ich erzählte ihm nun, wie ich auf dem Steine gesessen sei, wie der Wagenschmiermann gekommen sei, wie er mich gefragt habe, ob ich meine Füße eingeschmiert haben wolle, wie ich sie ihm hingehalten und wie er auf jeden einen Strich getan habe, wie ich in die Stube gegangen sei, um mich der Mutter zu zeigen, wie sie aufgesprungen sei, wie sie mich genommen, in das Vorhaus getragen, mich mit meinen eigenen Ruten gezüchtiget habe und wie ich darnach auf dem Steine sitzen geblieben sei.

»Du bist ein kleines Närrlein«, sagte der Großvater, »und der alte Andreas ist ein arger Schalk, er hat immer solche Streiche ausgeführt und wird jetzt heimlich und wiederholt bei sich lachen, daß er den Einfall gehabt hat. Dieser Hergang bessert deine Sache sehr. Aber siehst du, auch der alte Andreas, so übel wir seine Sache ansehen mögen, ist nicht so schuldig, als wir andern uns denken; denn woher soll denn der alte Andreas wissen, daß die Wagenschmiere für die Leute eine so schreckende Sache ist und daß sie in einem Hause eine solche Unordnung anrichten kann; denn für ihn ist sie eine Ware, mit der er immer umgeht, die ihm seine Nahrung gibt, die er liebt und die er sich immer frisch holt, wenn sie ihm ausgeht. Und wie soll er von gewaschenen Fußböden etwas wissen, da er jahraus, jahrein bei Regen und Sonnenschein mit seinem Fasse auf der Straße ist, bei der Nacht oder an Feiertagen in einer Scheune schläft und an seinen Kleidern Heu oder Halme kleben hat. Aber auch deine Mutter hat recht; sie mußte glauben, daß du dir leichtsinniger Weise die Füße selber mit so vieler Wagenschmiere beschmiert habest und daß du in die Stube gegangen seiest, den schönen Boden zu besudeln. Aber lasse nur Zeit, sie wird schon zur Einsicht kommen, sie wird alles verstehen, und alles wird gut werden. Wenn wir dort auf jene Höhe hinaufgelangen, von der wir weit herum sehen, werde ich dir eine Geschichte von solchen Pechmännern erzählen, wie der alte Andreas ist, die sich lange vorher zugetragen hat, ehe du geboren wurdest und ehe ich geboren wurde, und aus der du ersehen wirst, welche wunderbare Schicksale die Menschen auf der Welt des lieben Gottes haben können. Und wenn du stark genug bist und gehen kannst, so lasse ich dich in der nächsten Woche nach Spitzenberg und in die Hirschberge mitgehen, und da wirst du am Wege im Fichtengrunde eine solche Brennerei sehen, wo sie die Wagenschmiere machen, wo sich der alte Andreas seinen Vorrat immer holt und wo also das Pech her ist, womit dir heute die Füße eingeschmiert worden sind.«

»Ja, Großvater«, sagte ich, »ich werde recht stark sein.«

»Nun das wird gut sein«, antwortete er, »und du darfst mitgehen.«

Bei diesen Worten waren wir zu einer Mauer aus losen Steinen gelangt, jenseits welcher eine grüne Wiese mit dem weißen Fußpfade war. Der Großvater stieg über den Steigstein, indem er seinen Stock und seinen Rock nach sich zog und mir, der ich zu klein war, hinüberhalf; und wir gingen dann auf dem reinen Pfade weiter. Ungefähr in der Mitte der Wiese blieb er stehen und zeigte auf die Erde, wo unter einem flachen Steine ein klares Wässerlein hervorquoll und durch die Wiese fortrann.

»Das ist das Behringer Brünnlein«, sagte er, »welches das beste Wasser in der Gegend hat, ausgenommen das wundertätige Wasser, welches auf dem Brunnberge in dem überbauten Brünnlein ist, in dessen Nähe die Gnadenkapelle zum guten Wasser steht. Manche Menschen holen sich aus diesem Brünnlein da ihr Trinkwasser, mancher Feldarbeiter geht weit herzu, um da zu trinken, und mancher Kranke hat schon aus entfernten Gegenden mit einem Kruge hieher geschickt, damit man ihm Wasser bringe. Merke dir den Brunnen recht gut.«

»Ja, Großvater«, sagte ich.

Nach diesen Worten gingen wir wieder weiter. Wir gingen auf dem Fußpfade durch die Wiese, wir gingen auf einem Wege zwischen Feldern empor und kamen zu einem Grunde, der mit dichtem, kurzem, fast grauem Rasen bedeckt war und auf dem nach allen Richtungen hin in gewissen Entfernungen voneinander Föhren standen.

»Das, worauf wir jetzt gehen«, sagte der Großvater, »sind die Dürrschnäbel, es ist ein seltsamer Name, entweder kömmt er von dem trockenen, dürren Boden oder von dem mageren Kräutlein, das tausendfältig auf dem Boden sitzt und dessen Blüte ein weißes Schnäblein hat mit einem gelben Zünglein darin. Siehe, die mächtigen Föhren gehören den Bürgern zu Oberplan je nach der Steuerbarkeit, sie haben die Nadeln nicht in zwei Zeilen, sondern in Scheiden wie grüne Borstbüschel, sie haben das geschmeidige, fette Holz, sie haben das gelbe Pech, sie streuen sparsamen Schatten, und wenn ein schwaches Lüftchen geht, so hört man die Nadeln ruhig und langsam sausen.«

Ich hatte Gelegenheit, als wir weitergingen, die Wahrheit dessen zu beobachten, was der Großvater gesagt hatte. Ich sah eine Menge der weißgelben Blümlein auf dem Boden, ich sah den grauen Rasen, ich sah auf manchem Stamme das Pech wie goldene Tropfen stehen, ich sah die unzähligen Nadelbüschel auf den unzähligen Zweigen gleichsam aus winzigen dunkeln Stiefelchen herausragen, und ich hörte, obgleich kaum ein Lüftchen zu verspüren war, das ruhige Sausen in den Nadeln.

Wir gingen immer weiter, und der Weg wurde ziemlich steil.

Auf einer etwas höheren und freieren Stelle blieb der Großvater stehen und sagte: »So, da warten wir ein wenig.«

Er wendete sich um, und nachdem wir uns von der Bewegung des Aufwärtsgehens ein wenig ausgeatmet hatten, hob er seinen Stock empor und zeigte auf einen entfernten mächtigen Waldrücken in der Richtung, aus der wir gekommen waren, und fragte: »Kannst du mir sagen, was das dort ist?«

»Ja, Großvater«, antwortete ich, »das ist die Alpe, auf welcher sich im Sommer eine Viehherde befindet, die im Herbste wieder herabgetrieben wird.«

»Und was ist das, das sich weiter vorwärts von der Alpe befindet?« fragte er wieder.

»Das ist der Hüttenwald«, antwortete ich.

»Und rechts von der Alpe und dem Hüttenwalde?«

»Das ist der Philippgeorgsberg.«

»Und rechts von dem Philippgeorgsberge?«

»Das ist der Seewald, in welchem sich das dunkle und tiefe Seewasser befindet.«

»Und wieder rechts von dem Seewalde?«

»Das ist der Blockenstein und der Sesselwald.«

»Und wieder rechts?«

»Das ist der Tussetwald.«

»Und weiter kannst du sie nicht kennen; aber da ist noch mancher Waldrücken mit manchem Namen, sie gehen viele Meilen weit in die Länder fort. Einst waren die Wälder noch viel größer als jetzt. Da ich ein Knabe war, reichten sie bis Spitzenberg und die vordern Stiftshäuser, es gab noch Wölfe darin, und die Hirsche konnten wir in der Nacht, wenn eben die Zeit war, bis in unser Bette hinein brüllen hören. Siehst du die Rauchsäule dort, die aus dem Hüttenwalde aufsteigt?«

»Ja, Großvater, ich sehe sie.«

»Und weiter zurück wieder eine aus dem Walde der Alpe?«

»Ja, Großvater.«

»Und aus den Niederungen des Philippgeorgsberges wieder eine?«

»Ich sehe sie, Großvater.«

»Und weit hinten im Kessel des Seewaldes, den man kaum erblicken kann, noch eine, die so schwach ist, als wäre sie nur ein blaues Wölklein?«

»Ich sehe sie auch, Großvater.«

»Siehst du, diese Rauchsäulen kommen alle von den Menschen, die in dem Walde ihre Geschäfte treiben. Da sind zuerst die Holzknechte, die an Stellen die Bäume des Waldes umsägen, daß nichts übrig ist als Strünke und Strauchwerk. Sie zünden ein Feuer an, um ihre Speisen daran zu kochen und um auch das unnötige Reisig und die Äste zu verbrennen. Dann sind die Kohlenbrenner, die einen großen Meiler türmen, ihn mit Erde und Reisern bedecken und in ihm aus Scheitern die Kohlen brennen, die du oft in großen Säcken an unserem Hause vorbei in die ferneren Gegenden hinausführen siehst, die nichts zu brennen haben. Dann sind die Heusucher, die in den kleinen Wiesen und in den von Wald entblößten Stellen das Heu machen oder es auch mit Sicheln zwischen dem Gesteine schneiden. Sie machen ein Feuer, um ebenfalls daran zu kochen, oder daß sich ihr Zugvieh in den Rauch lege und dort weniger von den Fliegen geplagt werde. Dann sind die Sammler, welche Holzschwämme, Arzneidinge, Beeren und andere Sachen suchen und auch gerne ein Feuer machen, sich daran zu laben. Endlich sind die Pechbrenner, die sich aus Walderde Öfen bauen oder Löcher mit Lehm überwölben und daneben sich Hütten aus Waldbäumen aufrichten, um in den Hütten zu wohnen und in den Öfen und Löchern die Wagenschmiere zu brennen, aber auch den Teer, den Terpentin und andere Geister. Wo ein ganz dünnes

Rauchfädlein aufsteigt, mag es auch ein Jäger sein, der sich sein Stücklein Fleisch bratet oder der Ruhe pflegt. Alle diese Leute haben keine bleibende Stätte in dem Walde; denn sie gehen bald hierhin, bald dorthin, je nachdem sie ihre Arbeit getan haben oder ihre Gegenstände nicht mehr finden. Darum haben auch die Rauchsäulen keine bleibende Stelle, und heute siehest du sie hier und ein anderes Mal an einem anderen Platze.«

»Ja, Großvater.«

»Das ist das Leben der Wälder. Aber laß uns nun auch das außerhalb betrachten. Kannst du mir sagen, was das für weiße Gebäude sind, die wir da durch die Doppelföhre hin sehen?«

»Ja, Großvater, das sind die Pranghöfe.«

»Und weiter von den Pranghöfen links?«

»Das sind die Häuser von Vorder- und Hinterstift.«

»Und wieder weiter links?«

»Das ist Glöckelberg.«

»Und weiter gegen uns her am Wasser?«

»Das ist die Hammermühle und der Bauer David.«

»Und die vielen Häuser ganz in unserer Nähe, aus denen die Kirche emporragt und hinter denen ein Berg ist, auf welchem wieder ein Kirchlein steht?«

»Aber, Großvater, das ist ja unser Marktflecken Oberplan, und das Kirchlein auf dem Berge ist das Kirchlein zum guten Wasser.«

»Und wenn die Berge nicht wären und die Anhöhen, die uns umgeben, so würdest du noch viel mehr Häuser und Ortschaften sehen: die Karlshöfe, Stuben, Schwarzbach, Langenbruck, Melm, Honnetschlag, und auf der entgegengesetzten Seite Pichlern, Pernek, Salnau und mehrere andere. Das wirst du einsehen, daß in diesen Ortschaften viel Leben ist, daß dort viele Menschen Tag und Nacht um ihren Lebensunterhalt sich abmühen und die Freude genießen, die uns hienieden gegeben ist. Ich habe dir darum die Wälder gezeigt und die Ortschaften, weil sich in ihnen die Geschichte zugetragen hat, welche ich dir im Heraufgehen zu erzählen versprochen habe. Aber laß uns weitergehen, daß wir bald unser Ziel erreichen, ich werde dir die Geschichte im Gehen erzählen.«

Der Großvater wendete sich um, ich auch, er setzte die Spitze seines Stockes in die magere Rasenerde, wir gingen weiter, und er erzählte: »In allen diesen Wäldern und in allen diesen Ortschaften hat sich einst eine merkwürdige Tatsache ereignet, und es ist ein großes Ungemach über sie gekommen. Mein Großvater, dein Ururgroßvater, der zu damaliger Zeit gelebt hat, hat es uns oft erzählt. Es war einmal in einem Frühlinge, da die Bäume kaum ausgeschlagen hatten, da die Blütenblätter kaum abgefallen waren, daß eine schwere Krankheit über diese Gegend kam und in allen Ortschaften, die du gesehen hast, und auch in jenen, die du wegen vorstehender Berge nicht hast sehen können, ja sogar in den Wäldern, die du mir gezeigt hast, ausgebrochen ist. Sie ist lange vorher in entfernten Ländern gewesen und hat dort unglaublich viele Menschen dahingerafft. Plötzlich ist sie zu uns herein gekommen. Man weiß nicht, wie sie gekommen ist: haben sie die Menschen gebracht, ist sie in der milden Frühlingsluft gekommen, oder haben sie Winde und Regenwolken dahergetragen: genug, sie ist gekommen und hat sich über alle Orte ausgebreitet, die um uns herum liegen. Über die weißen Blütenblätter, die noch auf dem Wege lagen, trug man die Toten dahin, und in dem Kämmerlein, in das die Frühlingsblätter hineinschauten, lag ein Kranker, und es pflegte ihn einer, der selbst schon krankte. Die Seuche wurde die Pest geheißen, und in fünf bis sechs Stunden war der Mensch gesund und tot, und selbst die, welche von dem Übel genasen, waren nicht mehr recht gesund und recht krank und konnten ihren Geschäften nicht nachgehen. Man hatte vorher in Winterabenden erzählt, wie in andern Ländern eine Krankheit sei und die Leute an ihr wie an einem Strafgerichte dahinsterben; aber niemand hatte geglaubt, daß sie in unsere Wälder herein kommen werde, weil nie etwas Fremdes zu uns herein kömmt, bis sie kam. In den Ratschlägerhäusern ist sie zuerst ausgebrochen, und es starben gleich alle, die an ihr erkrankten. Die Nachricht verbreitete sich in der Gegend, die Menschen erschraken und rannten gegeneinander. Einige warteten, ob es weitergreifen würde, andere flohen und trafen die Krankheit in den Gegenden, in welche sie sich gewendet hatten. Nach einigen Tagen brachte man schon die Toten auf den Oberplaner Kirchhof, um sie zu begraben, gleich darauf von nahen und fernen Dörfern und von dem Marktflekken selbst. Man hörte fast den ganzen Tag die Zügenglocke läuten, und das Totengeläute konnte man nicht mehr jedem einzelnen Toten verschaffen, sondern man läutete es allgemein für alle. Bald konnte man sie auch nicht mehr in dem Kirchhofe begraben, sondern man machte große Gruben auf dem freien Felde, tat die Toten hinein und scharrte sie mit Erde zu. Von manchem Hause ging kein Rauch empor, in manchem hörte man das Vieh brüllen, weil man es zu füttern vergessen hatte, und manches Rind ging verwildert herum, weil niemand war, es von der Weide in den Stall zu bringen. Die Kinder liebten ihre Eltern nicht mehr und die Eltern die Kinder nicht, man warf nur die Toten in die Grube und ging davon. Es reiften die roten Kirschen, aber niemand dachte an sie, und niemand nahm sie von den Bäumen, es reiften die Getreide, aber sie wurden nicht in der Ordnung und Reinlichkeit nach Hause gebracht wie sonst, ja manche wären gar nicht nach Hause gekommen, wenn nicht doch noch ein mitleidiger Mann sie einem Büblein oder Mütterlein, die allein in einem Hause gesund geblieben waren, einbringen geholfen hätte. Eines Sonntages, da der Pfarrer von Oberplan die Kanzel bestieg, um die Predigt zu halten, waren mit ihm sieben Personen in der Kirche; die andern waren gestorben oder waren krank oder bei der Krankenpflege oder aus Wirrnis und Starrsinn nicht gekommen. Als sie dieses sahen, brachen sie in ein lautes Weinen aus, der Pfarrer konnte keine Predigt halten, sondern las eine stille Messe, und man ging auseinander. Als die Krankheit ihren Gipfel erreicht hatte, als die Menschen nicht mehr wußten, sollten sie in dem Himmel oder auf der Erde Hilfe suchen, geschah es, daß ein Bauer aus dem Amischhause von Melm nach Oberplan ging. Auf der Drillingsföhre saß ein Vöglein und sang:

> Eßt Enzian und Pimpinell,
> Steht auf, sterbt nicht so schnell.
> Eßt Enzian und Pimpinell,
> Steht auf, sterbt nicht so schnell.

Der Bauer entfloh, er lief zu dem Pfarrer nach Oberplan und sagte ihm die Worte, und der Pfarrer sagte sie den Leuten. Diese taten, wie das Vöglein gesungen hatte, und die Krankheit minderte sich immer mehr und mehr, und noch ehe der Haber in die Stoppeln gegangen war und ehe die braunen Haselnüsse an den Büschen der Zäune reiften, war sie nicht mehr vorhanden. Die Menschen getrauten sich wieder hervor, in den Dörfern ging der Rauch empor, wie man die Betten und die andern Dinge der Kranken verbrannte, weil die Krankheit sehr ansteckend gewesen war; viele Häuser wurden neu getüncht und gescheuert, und die Kirchenglocken tönten wieder friedfertige Töne, wenn sie entweder zu dem Gebete riefen oder zu den heiligen Festen der Kirche.«

In dem Augenblicke, gleichsam wie durch die Worte hervorgerufen, tönte hell, klar und rein mit ihren deutlichen tiefen Tönen die große Glocke von dem Turme zu Oberplan, und die Klänge kamen zu uns unter die Föhren herauf.

»Siehe«, sagte der Großvater, »ist es schon vier Uhr, und schon Feierabendläuten; siehst du, Kind, diese Zunge sagt uns beinahe mit vernehmlichen Worten, wie gut und wie glücklich und wie befriedigt wieder alles in dieser Gegend ist.«

Wir hatten uns bei diesen Worten umgekehrt und schauten nach der Kirche zurück. Sie ragte mit ihrem dunkeln Ziegeldache und mit ihrem dunkeln Turme, von dem die Töne kamen, empor, und die Häuser drängten sich wie eine graue Taubenschar um sie.

»Weil es Feierabend ist«, sagte der Großvater, »müssen wir ein kurzes Gebet tun.«

Er nahm seinen Hut von dem Haupte, machte ein Kreuz und betete. Ich nahm auch mein Hütchen ab und betete ebenfalls. Als wir geendet, die Kreuze gemacht und unsere Kopfbedeckungen wieder aufgesetzt hatten, sagte der Großvater: »Es ist ein schöner Gebrauch, daß am Samstage nachmittags mit der Glocke dieses Zeichen gegeben wird, daß nun der Vorabend des Festes des Herrn beginne und daß alles strenge Irdische ruhen müsse, wie ich ja auch an Samstagen nachmittags keine ernste Arbeit vornehme, sondern höchstens einen Gang in benachbarte Dörfer mache. Der Gebrauch stammt von den Heiden her, die früher in den Gegenden waren, denen jeder Tag gleich war und denen man, als sie zum Christentume bekehrt waren, ein Zeichen geben mußte, daß der Gottestag im Anbrechen sei. Einstens wurde dieses Zeichen sehr beachtet; denn wenn die Glocke klang, beteten die Menschen und setzten ihre harte Arbeit zu Hause oder auf dem Felde aus. Deine Großmutter, als sie noch ein junges Mädchen war, kniete jederzeit bei dem Feierabendläuten nieder und tat ein kurzes Gebet. Wenn ich damals an Samstagabenden, so wie ich jetzt in andere Gegenden gehe, nach Glöckelberg ging, denn deine Großmutter ist von dem vordern Glöckelberg zu Hause, so kniete sie oft bei dem Klange des Dorfglöckleins mit ihrem roten Leibchen und schneeweißen Röckchen neben dem Gehege nieder, und die Blüten des Geheges waren ebenso weiß und rot wie ihre Kleider.«

»Großvater, sie betet jetzt auch noch immer, wenn Feierabend geläutet wird, in der Kammer neben dem blauen Schreine, der die roten Blumen hat«, sagte ich.

»Ja, das tut sie«, erwiderte er, »aber die andern Leute beachten das Zeichen nicht, sie arbeiten fort auf dem Felde und arbeiten fort in der Stube, wie ja auch die Schlage unsers Nachbars, des Webers, selbst an Samstagabenden forttönt, bis es Nacht wird und die Sterne am Himmel stehen.«

»Ja, Großvater.«

»Das wirst du aber nicht wissen, daß Oberplan das schönste Geläute in der ganzen Gegend hat. Die Glocken sind gestimmt, wie man die Saiten einer Geige stimmt, daß sie gut zusammentönen. Darum kann man auch keine mehr dazumachen, wenn eine bräche oder einen Sprung bekäme, und mit der Schönheit des Geläutes wäre es vorüber. Als dein Oheim Simon einmal vor dem Feinde im Felde lag und krank war, sagte er, da ich ihn besuchte: ›Vater, wenn ich nur noch einmal das Oberplaner Glöcklein hören könnte!‹, aber er konnte es nicht mehr hören und mußte sterben.«

In diesem Augenblicke hörte die Glocke zu tönen auf, und es war wieder nichts mehr auf den Feldern als das freundliche Licht der Sonne.

»Komme, lasse uns weitergehen«, sagte der Großvater.

Wir gingen auf dem grauen Rasen zwischen den Stämmen weiter, immer von einem Stamme zum andern. Es wäre wohl ein ausgetretener Weg gewesen, aber auf dem Rasen war es weicher und schöner zu gehen. Allein die Sohlen meiner Stiefel waren von dem kurzen Grase schon so glatt geworden, daß ich kaum einen Schritt mehr zu tun vermochte und beim Gehen nach allen Richtungen ausglitt. Da der Großvater diesen Zustand bemerkt hatte, sagte er: »Du mußt mit den Füßen nicht so schleifen; auf diesem Grase muß man den Tritt gleich hinstellen, daß er gilt, sonst bohnt man die Sohlen glatt, und es ist kein sicherer Halt möglich. Siehst du, alles muß man lernen, selbst das Gehen. Aber komme, reiche mir die Hand, ich werde dich führen, daß du ohne Mühsal fortkömmst.«

Er reichte mir die Hand, ich faßte sie und ging nun gestützt und gesicherter weiter.

Der Großvater zeigte nach einer Weile auf einen Baum und sagte: »Das ist die Drillingsföhre.«

Ein großer Stamm ging in die Höhe und trug drei schlanke Bäume, welche in den Lüften ihre Äste und Zweige vermischten. Zu seinen Füßen lag eine Menge herabgefallener Nadeln.

»Ich weiß es nicht«, sagte der Großvater, »hatte das Vöglein die Worte gesungen oder hat sie Gott dem Manne in das Herz gegeben: aber die Drillingsföhre darf nicht umgehauen werden, und ihrem Stamme und ihren Ästen darf kein Schaden geschehen.«

Ich sah mir den Baum recht an, dann gingen wir weiter und kamen nach einiger Zeit allmählich aus den Dürrschnäbeln hinaus. Die Stämme wurden dünner, sie wurden seltener, hörten endlich ganz auf, und wir gingen auf einem sehr steinigen Wege zwischen Feldern, die jetzt wieder erschienen, hinauf. Hier zeigte mir der Großvater wieder einen Baum und sagte: »Siehe, das ist die Machtbuche, das ist der bedeutsamste Baum in der Gegend, er wächst aus dem steinigsten Grunde empor, den es gibt. Siehe, darum ist sein Holz auch so fest wie Stein, darum ist sein Stamm so kurz, die Zweige stehen so dicht und halten die Blätter fest, daß die Krone gleichsam eine Kugel bildet, durch die nicht ein einziges Äuglein des Himmels hindurchschauen kann. Wenn es Winter werden will, sehen die Leute auf diesen Baum und sagen: Wenn einmal die Herbstwinde durch das dürre Laub der Machtbuche sausen und ihre Blätter auf dem Boden dahintreiben, dann kömmt bald der Winter. Und wirklich hüllen sich in kurzer Zeit die Hügel und Felder in die weiße Decke des Schnees. Merke dir den Baum, und denke in späten Jahren, wenn ich längst im Grabe liege, daß es dein Großvater gewesen ist, der ihn dir zuerst gezeigt hat.«

Von dieser Buche gingen wir noch eine kleine Zeit aufwärts und kamen dann auf die Schneidelinie der Anhöhe, von der wir auf die jenseitigen Gegenden hinübersahen und das Dorf Melm in einer Menge von Bäumen zu unsern Füßen erblickten.

Der Großvater blieb hier stehen, zeigte mit seinem Stocke auf einen entfernten Wald und sagte: »Siehst du, dort rechts hinüber der dunkle Wald ist der Rindlesberg, hinter dem das Dorf Rindles liegt, das wir nicht sehen können. Weiter links, wenn der Nadelwald nicht wäre, würdest du den großen Alschhof erblicken. Zur Zeit der Pest ist in dem Alschhofe alles ausgestorben bis auf eine einzige Magd, welche das Vieh, das in dem Alschhofe ist, pflegen mußte, zwei Reihen Kühe, von denen die Milch zu dem Käse kömmt, den man in dem Hofe bereitet, dann die Stiere und das Jungvieh. Diese mußte sie viele Wochen lang nähren und warten, weil die Seuche den Tieren nichts anhaben konnte und sie fröhlich und munter blieben, bis ihre Herrschaft Kenntnis von dem Ereignisse erhielt und von den übriggebliebenen Menschen ihr einige zu Hilfe sendete. In der großen Hammermühle, die du mir im Heraufgehen gezeigt hast, sind ebenfalls alle Personen gestorben bis auf einen einzigen krummen Mann, der alle Geschäfte zu tun hatte und die Leute befriedigen mußte, die nach der Pest das Getreide zur Mühle brachten und ihr Mehl haben wollten; daher noch heute das Sprichwort kömmt: ›Ich habe mehr Arbeit als der Krumme im Hammer.‹ Von den Priestern in Oberplan ist nur der alte Pfarrer übriggeblieben, um der Seelsorge zu pflegen, die zwei Kapläne sind gestorben, auch der Küster ist gestorben und sein Sohn, der schon die Priesterweihe hatte. Von den Badhäusern, die neben der kurzen Zeile des Marktes die gebogene Gasse machen, sind drei gänzlich ausgestorben.«

Nach diesen Worten gingen wir in dem Hohlwege und unter allerlei lieblichen Spielen von Licht und Farben, welche die Sonne in den grünen Blättern der Gesträuche verursachte, in das Dorf Melm hinunter.

Der Großvater hatte in dem ersten Hause desselben, im Machthofe, zu tun. Wir gingen deshalb durch den großen Schwibbogen desselben hinein. Der Machtbauer stand in dem Hofe, hatte bloße Hemdärmel an den Armen und viele hochgipflige Metallknöpfe auf der Weste. Er grüßte den Großvater, als er ihn sah, und führte ihn in die Stube; mich aber ließen sie auf einem kleinen hölzernen Bänklein neben der Tür im Hofe sitzen und schickten mir ein Butterbrot, das ich verzehrte. Ich rastete, betrachtete die Dinge, die da waren, als: die Wägen, welche abgeladen unter dem Schoppendache ineinandergeschoben standen, die Pflüge und Eggen, welche, um Platz zu machen, in einen Winkel zusammengedrängt waren, die Knechte und Mägde, die hin und her gingen, ihre Samstagsarbeit taten und sich zur Feier des Sonntages rüsteten; und die Dinge gesellten sich zu denen, mit denen ohnehin mein Haupt angefüllt war, zu Drillingsföhren, Toten und Sterbenden und singenden Vöglein.

Nach einer Zeit kam der Großvater wieder heraus und sagte: »So, jetzt bin ich fertig, und wir treten unsern Rückweg wieder an.«

Ich stand von meinem Bänklein auf, wir gingen dem Schwibbogen zu, der Bauer und die Bäurin begleiteten uns bis dahin, nahmen bei dem Schwibbogen Abschied und wünschten uns glückliche Heimkehr.

Da wir wieder allein waren und auf unserem Rückwege den Hohlweg hinanschritten, fuhr der Großvater fort: »Als es tief in den Herbst ging, wo die Preißelbeeren reifen und die Nebel sich schon auf den Mooswiesen zeigen, wandten sich die Menschen wieder derjenigen Erde zu, in welcher man die Toten ohne Einweihung und Gepränge begraben hatte. Viele Menschen gingen hinaus und betrachteten den frischen Aufwurf, andere wollten die Namen derer wissen, die da begraben lagen, und als die Seelsorge in Oberplan wieder vollkommen hergestellt war, wurde die Stelle wie ein ordentlicher Kirchhof eingeweiht, es wurde feierlicher Gottesdienst unter freiem Himmel gehalten, und alle Gebete und Segnungen nachgetragen, die man früher versäumt hatte. Dann wurde um den Ort eine Planke gemacht und ungelöschter Kalk auf denselben gestreut. Von da an bewahrte man das Gedächtnis an die Vergangenheit in allerlei Dingen. Du wirst wissen, daß manche Stellen unserer Gegend noch den Beinamen Pest tragen, zum Beispiele Pestwiese, Peststeig, Pesthang; und wenn du nicht so jung wärest, so würdest du auch die Säule noch gesehen haben, die jetzt nicht mehr vorhanden ist, die auf dem Marktplatze von Oberplan gestanden war und auf welcher man lesen konnte, wann die Pest gekommen ist und wann sie aufgehört hat, und auf welcher ein Dankgebet zu dem Gekreuzigten stand, der auf dem Gipfel der Säule prangte.«

»Die Großmutter hat uns von der Pestsäule erzählt«, sagte ich.

»Seitdem aber sind andere Geschlechter gekommen«, fuhr er fort, »die von der Sache nichts wissen und die die Vergangenheit verachten, die Einhegungen sind verlorengegangen, die Stellen haben sich mit gewöhnlichem Grase überzogen. Die Menschen vergessen gerne die alte Not und halten die Gesundheit für ein Gut, das ihnen Gott schuldig sei und das sie in blühenden Tagen verschleudern. Sie achten nicht der Plätze, wo die Toten ruhen, und sagen den Beinamen Pest mit leichtfertiger Zunge, als ob sie einen andern Namen sagten, wie etwa Hagedorn oder Eiben.«

Wir waren unterdessen wieder durch den Hohlweg auf

den Kamm der Anhöhe gekommen und hatten die Wälder, zu denen wir uns im Heraufgehen umwenden mußten, um sie zu sehen, jetzt in unserem Angesichte, und die Sonne neigte sich in großem Gepränge über ihnen dem Untergange zu.

»Wenn nicht so die Abendsonne gegen uns schiene«, sagte der Großvater, »und alles in einem feurigen Rauche schwebte, würde ich dir die Stelle zeigen können, von der ich jetzt reden werde und die in unsere Erzählung gehört. Sie ist viele Wegestunden von hier, sie ist uns gerade gegenüber, wo die Sonne untersinkt, und dort sind erst die rechten Wälder. Dort stehen die Tannen und Fichten, es stehen die Erlen und Ahorne, die Buchen und andere Bäume wie die Könige, und das Volk der Gebüsche und das dichte Gedränge der Gräser und Kräuter, der Blumen, der Beeren und Moose steht unter ihnen. Die Quellen gehen von allen Höhen herab und rauschen und murmeln und erzählen, was sie immer erzählt haben, sie gehen über Kiesel wie leichtes Glas und vereinigen sich zu Bächen, um hinaus in die Länder zu kommen, oben singen die Vögel, es leuchten die weißen Wolken, die Regen stürzen nieder, und wenn es Nacht wird, scheint der Mond auf alles, daß es wie ein genetztes Tuch aus silbernen Fäden ist. In diesem Walde ist ein sehr dunkler See, hinter ihm ist eine graue Felsenwand, die sich in ihm spiegelt, an seinen Seiten stehen dunkle Bäume, die in das Wasser schauen, und vorne sind Himbeer- und Brombeergehege, die einen Verhau machen. An der Felsenwand liegt ein weißes Gewirre herabgestürzter Bäume, aus den Brombeeren steht mancher weiße Stamm empor, der von dem Blitze zerstört ist, und schaut auf den See, große graue Steine liegen hundert Jahre herum, und die Vögel und das Gewild kommen zu dem See, um zu trinken.«

»Das ist der See, Großvater, den ich im Heraufgehen genannt habe«, sagte ich, »die Großmutter hat uns von seinem Wasser erzählt und den seltsamen Fischen, die darin sind, und wenn ein weißes Wölklein über ihm steht, so kömmt ein Gewitter.«

»Und wenn ein weißes Wölklein über ihm steht«, fuhr der Großvater fort, »und sonst heiterer Himmel ist, so gesellen sich immer mehrere dazu, es wird ein Wolkenheer, und das löst sich von dem Walde los und zieht zu uns mit dem Gewitter heraus, das uns den schweren Regen bringt und auch öfter den Hagel. Am Rande dieses Waldes, wo heutzutage schon Felder sind, wo aber dazumal noch dichtes Gehölze war, befand sich zur Zeit der Pest eine Pechbrennerhütte. In derselben wohnte der Mann, von dem ich dir erzählen will. Mein Großvater hat sie noch gekannt, und er hat gesagt, daß man zeitweilig von dem Walde den Rauch habe aufsteigen sehen, wie du heute die Rauchfäden hast aufsteigen gesehen, da wir heraufgegangen sind.«

»Ja, Großvater«, sagte ich.

»Dieser Pechbrenner«, fuhr er fort, »wollte sich in der Pest der allgemeinen Heimsuchung entziehen, die Gott über die Menschen verhängt hatte. Er wollte in den höchsten Wald hinaufgehen, wo nie ein Besuch von Menschen hinkömmt, wo nie eine Luft von Menschen hinkömmt, wo alles anders ist als unten und wo er gesund zu bleiben gedachte. Wenn aber doch einer zu ihm gelangte, so wollte er ihn eher mit einem Schürbaume erschlagen, als daß er ihn näher kommen und die Seuche bringen ließe. Wenn aber die Krankheit lange vorüber wäre, dann wollte er wieder zurückkehren und weiterleben. Als daher die schwarzen Schubkarrenführer, die von ihm die Wagenschmiere holten, die Kunde brachten, daß in den angrenzenden Ländern schon die Pest entstanden sei, machte er sich auf und ging in den hohen Wald hinauf. Er ging aber noch weiter, als wo der See ist, er ging dahin, wo der Wald noch ist, wie er bei der Schöpfung gewesen war, wo noch keine Menschen gearbeitet haben, wo kein Baum umbricht, als wenn er vom Blitze getroffen ist oder von dem Winde umgestürzt wird; dann bleibt er liegen, und aus seinem Leibe wachsen neue Bäumchen und Kräuter empor; die Stämme stehen in die Höhe, und zwischen ihnen sind die unangesehenen und unangetasteten Blumen und Gräser und Kräuter.«

Während der Großvater dieses sagte, war die Sonne untergegangen. Der feurige Rauch war plötzlich verschwunden, der Himmel, an welchem keine einzige Wolke stand, war ein goldener Grund geworden, wie man in alten Gemälden sieht, und der Wald ging nun deutlich und dunkelblau in diesem Grunde dahin.

»Siehe, Kind, jetzt können wir die Stelle sehen, von der ich rede«, sagte der Großvater, »blicke da gerade gegen den Wald, und da wirst du eine tiefere blaue Färbung sehen, das ist das Becken, in welchem der See ist. Ich weiß nicht, ob du es siehst.«

»Ich sehe es«, antwortete ich, »ich sehe auch die schwachen grauen Streifen, welche die Seewand bedeuten.«

»Da hast du schärfere Augen als ich«, erwiderte der Großvater, »gehe jetzt mit den Augen von der Seewand rechts und gegen den Rand empor, dann hast du jene höheren großen Waldungen. Es soll ein Fels dort sein, der wie ein Hut überhängende Krempen hat und wie ein kleiner Auswuchs an dem Waldrande zu sehen ist.«

»Großvater, ich sehe den kleinen Auswuchs.«

»Er heißt der Hutfels und ist noch weit oberhalb des Sees

im Hochwalde, wo kaum ein Mensch gewesen ist. An dem See soll aber schon eine hölzerne Wohnung gestanden sein. Der Ritter von Wittinghausen hat sie als Zufluchtsort für seine zwei Töchter im Schwedenkriege erbaut. Seine Burg ist damals verbrannt worden, die Ruinen stehen noch wie ein blauer Würfel aus dem Thomaswalde empor.«

»Ich kenne die Ruine, Großvater.«

»Das Haus war hinter dem See, wo die Wand es beschützte, und ein alter Jäger hat die Mädchen bewacht. Heutzutage ist von alledem keine Spur mehr vorhanden. Von diesem See ging der Pechbrenner bis zum Hutfels hinan und suchte sich einen geeigneten Platz aus. Er war aber nicht allein, sondern es waren sein Weib und seine Kinder mit ihm, es waren seine Brüder, Vettern, Muhmen und Knechte mit, er hatte sein Vieh und seine Geräte mitgenommen. Er hatte auch allerlei Sämereien und Getreide mitgeführt, um in der aufgelockerten Erde anbauen zu können, daß er sich Vorrat für die künftigen Zeiten sammle. Nun baute man die Hütten für Menschen und Tiere, man baute die Öfen zum Brennen der Ware, und man säte die Samen in die aufgegrabenen Felder. Unter den Leuten im Walde war auch ein Bruder des Pechbrenners, der nicht in dem Walde bleiben, sondern wieder zu der Hütte zurückkehren wollte. Da sagte der Pechbrenner, daß er ihnen ein Zeichen geben solle, wenn die Pest ausgebrochen sei. Er solle auf dem Hausberge in der Mittagsstunde eine Rauchsäule aufsteigen lassen, solle dieselbe eine Stunde gleichartig dauern lassen und solle dann das Feuer dämpfen, daß sie aufhöre. Dies solle er zur Gewißheit drei Tage hintereinander tun, daß die Waldbewohner daran ein Zeichen erkennen, das ihnen gegeben worden sei. Wenn aber die Seuche aufgehört habe, soll er ihnen auch eine Nachricht geben, daß sie hinabgehen könnten und die Krankheit nicht bekämen. Er solle eine Rauchsäule um die Mittagsstunde von dem Hausberge aufsteigen lassen, solle sie eine Stunde gleichartig erhalten und dann das Feuer löschen. Dies solle er vier Tage hintereinander tun, aber an jedem Tage eine Stunde später; an diesem besonderen Vorgange würden sie erkennen, daß nun alle Gefahr vorüber sei. Wenn er aber erkranke, so solle er den Auftrag einem Freunde oder Bekannten als Testament hinterlassen und dieser ihn wieder einem Freunde oder Bekannten, so daß einmal einer eine Rauchsäule errege und von dem Pechbrenner eine Belohnung zu erwarten habe. Kennst du den Hausberg?«

»Ja, Großvater«, antwortete ich, »es ist der schwarze spitzige Wald, der hinter Pernek emporsteigt und auf dessen Gipfel ein Felsklumpen ist.«

»Ja«, sagte der Großvater, »der ist es. Es sollen einmal drei Brüder gelebt haben, einer auf der Alpe, einer auf dem Hausberge und einer auf dem Thomaswalde. Sie sollen sich Zeichen gegeben haben, wenn einem eine Gefahr drohte, bei Tage einen Rauch, bei Nacht ein Feuer, daß es gesehen würde und daß die andern zu Hilfe kämen. Ich weiß nicht, ob die Brüder gelebt haben. In dem hohen Walde wohnten nun die Ausgewanderten fort, und als die Pest in unsern Gegenden ausgebrochen war, stieg um die Mittagsstunde eine Rauchsäule von dem Hausberge empor, dauerte eine Stunde gleichartig fort und hörte dann auf. Dies geschah drei Tage hintereinander, und die Leute in dem Walde wußten, was sich begeben hatte. – Aber siehe, wie es schon kühl geworden ist und wie bereits der Tau auf die Gräser fällt, komme, ich werde dir dein Jäckchen zumachen, daß du nicht frierst, und werde dir dann die Geschichte weitererzählen.«

Wir waren während der Erzählung des Großvaters in die Dürrschnäbel gekommen, wir waren an der Drillingsföhre vorübergegangen und unter den dunkeln Stämmen auf dem fast farblosen Grase bis zu den Feldern von Oberplan gekommen. Der Großvater legte seinen Stock auf den Boden, beugte sich zu mir herab, nestelte mir das Halstuch fester, richtete mir das Westchen zurecht und knöpfte mir das Jäckchen zu. Hierauf knöpfte er sich auch seinen Rock zu, nahm seinen Stab, und wir gingen wieder weiter.

»Siehst du, mein liebes Kind«, fuhr er fort, »es hat aber alles nichts geholfen, und es war nur eine Versuchung Gottes. Da die Büsche des Waldes ihre Blüten bekommen hatten, weiße und rote, wie die Natur will, da aus den Blüten Beeren geworden waren, da die Dinge, welche der Pechbrenner in die Walderde gebaut hatte, aufgegangen und gewachsen waren, da die Gerste die goldenen Barthaare bekommen hatte, da das Korn schon weißlich wurde, da die Haberflocken an den kleinen Fädlein hingen und das Kartoffelkraut seine grünen Kugeln und blaulichen Blüten trug: waren alle Leute des Pechbrenners, er selber und seine Frau bis auf einen einzigen kleinen Knaben, den Sohn des Pechbrenners, gestorben. Der Pechbrenner und sein Weib waren die letzten gewesen, und da die Überlebenden immer die Toten begraben hatten, der Pechbrenner und sein Weib aber niemand hinter sich hatten und der Knabe zu schwach war, sie zu begraben, blieben sie als Tote in ihrer Hütte liegen. Der Knabe war nun allein in dem fürchterlichen, großen Walde. Er ließ die Tiere aus, welche in den Ställen waren, weil er sie nicht füttern konnte, er dachte, daß sie an den Gräsern des Waldes eine Nahrung finden würden, und dann lief er selber von der Hütte weg, weil er den toten Mann und das tote Weib entsetzlich fürchtete.

Er ging auf eine freie Stelle des Waldes, und da war jetzt überall niemand, niemand als der Tod. Wenn er in der Mitte von Blumen und Gesträuchen niederkniete und betete oder wenn er um Vater und Mutter und um die andern Leute weinte und jammerte und wenn er dann wieder aufstand, so war nichts um ihn als die Blumen und Gesträuche und das Vieh, welches unter die Bäume des Waldes hinein weidete und mit den Glocken läutete. Siehst du, so war es mit dem Knaben, der vielleicht gerade so groß war wie du. Aber siehe, die Pechbrennerknaben sind nicht wie die in den Marktflecken oder in den Städten, sie sind schon unterrichteter in den Dingen der Natur, sie wachsen in dem Walde auf, sie können mit dem Feuer umgehen, sie fürchten die Gewitter nicht und haben wenig Kleider, im Sommer keine Schuhe und auf dem Haupte statt eines Hutes die berußten Haare. Am Abende nahm der Knabe Stahl, Stein und Schwamm aus seiner Tasche und machte sich ein Feuer; das in den Öfen der Pechbrenner war längst ausgegangen und erloschen. Als ihn hungerte, grub er mit der Hand Kartoffeln aus, die unter den emporwachsenden Reben waren, und briet sie in der Glut des Feuers. Zu trinken gaben ihm Quellen und Bäche. Am anderen Tage suchte er einen Ausweg aus dem Walde. Er wußte nicht mehr, wie sie in den Wald hinaufgekommen waren. Er ging auf die höchste Stelle des Berges, er kletterte auf einen Baum und spähte, aber er sah nichts als Wald und lauter Wald. Er gedachte nun zu immer höhern und höhern Stellen des Waldes zu gehen, bis er einmal hinaussähe und das Ende des Waldes erblickte. Zur Nahrung nahm er jetzt auch noch die Körner der Gerste und des Kornes, welche er samt den Ähren auf einem Steine über dem Feuer röstete, wodurch sich die Haare und Hülsen verbrannten, oder er löste die rohen, zarten Kornkörner aus den Hülsen, oder er schälte Rüben, die in den Kohlbeeten wuchsen. In den Nächten hüllte er sich in Blätter und Zweige und deckte sich mit Reisig. Die Tiere, welche er ausgelassen hatte, waren fortgegangen, entweder weil sie sich in dem Walde verirrt hatten oder weil sie auch die Totenhütte scheuten und von ihr flohen; er hörte das Läuten nicht mehr, und sie kamen nicht zum Vorscheine. Eines Tages, da er die Tiere suchte, fand er auf einem Hügel, auf welchem Brombeeren und Steine waren, mitten in einem Brombeerengestrüppe ein kleines Mädchen liegen. Dem Knaben klopfte das Herz außerordentlich, er ging näher, das Mädchen lebte, aber es hatte die Krankheit und lag ohne Bewußtsein da. Er ging noch näher, das Mädchen hatte weiße Kleider und ein schwarzes Mäntelchen an, es hatte wirre Haare und lag so ungefüg in dem Gestrüppe, als wäre es hineingeworfen worden. Er rief, aber er bekam keine Antwort, er nahm das Mädchen bei der Hand, aber die Hand konnte nichts fassen und war ohne Leben. Er lief in das Tal, schöpfte mit seinem alten Hute, den er aus der Hütte mitgenommen hatte, Wasser, brachte es zu dem Mädchen zurück und befeuchtete ihm die Lippen. Dies tat er nun öfter. Er wußte nicht, womit dem Kinde zu helfen wäre, und wenn er es auch gewußt hätte, so hätte er nichts gehabt, um es ihm zu geben. Weil er durch das verworrene Gestrüppe nicht leicht zu dem Platze gelangen konnte, auf welchem das Mädchen lag, so nahm er nun einen großen Stein, legte ihn auf die kriechenden Ranken der Brombeeren und wiederholte das so lange, bis er die Brombeeren bedeckt hatte, bis sie niedergehalten wurden und die Steine ein Pflaster bildeten. Auf dieses Pflaster kniete er nieder, rückte das Kind, sah es an, strich ihm die Haare zurecht, und weil er keinen Kamm hatte, so wischte er die nassen Locken mit seinen Händen ab, daß sie wieder schönen, feinen menschlichen Haaren glichen. Weil er aber das Mädchen nicht heben konnte, um es auf einen besseren Platz zu tragen, so lief er auf den Hügel, riß dort das dürre Gras ab, riß die Halme ab, die hoch an dem Gesteine wachsen, sammelte das trockene Laub, das von dem vorigen Herbste übrig war und das entweder unter Gesträuppen hing oder von dem Winde in Steinklüfte zusammengeweht worden war, und tat alles auf einen Haufen. Da es genug war, trug er es zu dem Mädchen und machte ihm ein weicheres Lager. Er tat die Dinge an jene Stellen unter ihrem Körper, wo sie am meisten not taten. Dann schnitt er mit seinem Messer Zweige von den Gesträuchen, steckte sie um das Kind in die Erde, band sie an den Spitzen mit Gras und Halmen zusammen und legte noch leichte Äste darauf, daß sie ein Dach bildeten. Auf den Körper des Mädchens legte er Zweige und bedeckte sie mit breitblättrigen Kräutern, zum Beispiel mit Huflattich, daß sie eine Decke bildeten. Für sich holte er dann Nahrung aus den Feldern des toten Vaters. Bei der Nacht machte er ein Feuer aus zusammengetragenem Holze und Moder. So saß er bei Tage bei dem bewußtlosen Kinde, hütete es und schützte es vor Tieren und Fliegen, bei Nacht unterhielt er ein glänzendes Feuer. Siehe, das Kind starb aber nicht, sondern die Krankheit besserte sich immer mehr und mehr, die Wänglein wurden wieder lieblicher und schöner, die Lippen bekamen die Rosenfarbe und waren nicht mehr so bleich und gelblich, und die Äuglein öffneten sich und schauten herum. Es fing auch an zu essen, es aß die Erdbeeren, die noch zu finden waren, es aß Himbeeren, die schon reiften, es aß die Kerne der Haselnüsse, die zwar nicht reif, aber süß und weich waren, es aß endlich sogar das weiße Mehl der gebratenen Kartoffeln und die zarten Körner des Kornes, was ihm alles der Knabe brachte und reichte; und wenn es schlief, so lief er auf den Hügel und erkletterte einen Felsen, um überall herum zu spähen, auch suchte er wieder die Tiere, weil die Milch jetzt recht gut gewesen wäre. Aber er konnte nichts erspähen und konnte die Tiere nicht finden. Da das Mädchen schon stärker war und mithelfen konnte, brachte er es an einen Platz, wo überhängende Äste es schützten, aber da er dachte, daß ein Gewitter kommen und der Regen durch die Äste schlagen könnte, so suchte er eine Höhle, die trocken war, dort machte er ein Lager und brachte das Mädchen hin. Eine Steinplatte stand oben über die Stätte, und sie konnten schön auf den Wald hinaussehen. Ich habe dir gesagt, daß jene Krankheit sehr heftig war, daß die Menschen in fünf bis sechs Stunden gesund und tot waren; aber ich sage dir auch: wer die Krankheit überstand, der war sehr bald gesund, nur daß er lange Zeit schwach blieb und lange Zeit sich pflegen mußte. In dieser Höhle blieben nun die Kinder, und der Knabe ernährte das Mädchen und tat ihm alles und jedes Gute, was es notwendig hatte. Nun erzählte ihm auch das Mädchen, wie es in den Wald gekommen sei. Vater und Mutter und mehrere Leute hätten ihre ferne Heimat verlassen, als sich die Krankheit genähert habe, um höhere Orte zu suchen, wo sie von dem Übel nicht erreicht werden würden. In dem großen Walde seien sie irregegangen, der Vater und die Mutter seien gestorben, und das Mädchen sei allein übriggeblieben. Wo Vater und Mutter gestorben seien, wo die andern Leute hingekommen, wie es selber in die Brombeeren geraten sei, wußte es nicht. Auch konnte es nicht sagen, wo die Heimat sei. Der Knabe erzählte dem Mädchen auch, wie sie ihre Hütte verlassen hätten, wie alle in den Wald gegangen wären und wie sie gestorben seien und er allein nur am Leben geblieben wäre. Siehst du, so saßen die Kinder in der Höhle, wenn der Tag über den Wald hinüberzog und das Grüne beleuchtete, die Vöglein sangen, die Bäume glänzten und die Bergspitzen leuchteten; oder sie schlummerten, wenn es Nacht war, wenn es finster und still war oder der Schrei eines wilden Tieres tönte oder der Mond am Himmel stand und seine Strahlen über die Wipfel goß. Du kannst dir denken, wie es war, wenn du betrachtest, wie schon hier die Nacht ist, wie der Mond so schauerlich in den Wolken steht, wo wir doch schon so nahe an den Häusern sind, und wie er auf die schwarzen Vogelbeerbäume unsers Nachbars herniederscheint.«

Wir waren, während der Großvater erzählte, durch die Felder von Oberplan herabgegangen, wir waren über die Wiese gegangen, in welcher das Behringer Brünnlein ist, wir waren über die Steinwand gestiegen, wir waren über den weichen Rasen gegangen und näherten uns bereits den Häusern von Oberplan. Es war indessen völlig Nacht geworden, der halbe Mond stand am Himmel, viele Wolken hatten sich aufgetürmt, die er beglänzte, und seine Strahlen fielen gerade auf die Vogelbeerbäume, die in dem Garten unsers Nachbars standen.

»Nachdem das Mädchen sehr stark geworden war«, fuhr der Großvater fort, »dachten die Kinder daran, aus dem Walde zu gehen. Sie beratschlagten unter sich, wie sie das anstellen sollten. Das Mädchen wußte gar nichts; der Knabe aber sagte, daß alle Wässer abwärts rinnen, daß sie fort und fort rinnen, ohne stillzustehen, daß der Wald sehr hoch sei und daß die Wohnungen der Menschen sehr tief liegen, daß bei ihrer Hütte selber ein breites rinnendes Wasser vorbeigegangen wäre, daß sie von dieser Hütte in den Wald gestiegen seien, daß sie immer aufwärts und aufwärts gegangen und mehreren herabfließenden Wassern begegnet seien; wenn man daher an einem rinnenden Wasser immer abwärts gehe, so müsse man aus dem Walde hinaus und zu Menschen gelangen. Das Mädchen sah das ein, und mit Freuden beschlossen sie, so zu tun. Sie rüsteten sich zur Abreise. Von den Feldern nahmen sie Kartoffeln, so viel sie tragen konnten, und viele zusammengebundene Büschel von Ähren. Der Knabe hatte aus seiner Jacke einen Sack gemacht, und für Erdbeeren und Himbeeren machte er schöne Täschchen aus Birkenrinde. Dann brachen sie auf. Sie suchten zuerst den Bach in dem Tale, aus dem sie bisher getrunken hatten, und gingen dann an seinem Wasser fort. Siehst du, der Knabe leitete das Mädchen, weil es schwach war und weil er in dem Wald erfahrener war; er zeigte ihm die Steine, auf die es treten, er zeigte ihm die Dornen und spitzigen Hölzer, die es vermeiden sollte, er führte es an schmalen Stellen, und wenn große Felsen oder Dickichte und Sümpfe kamen, so wichen sie seitwärts aus und lenkten dann klug immer wieder der Richtung des Baches zu. So gingen sie immer fort. Wenn sie müde waren, setzten sie sich nieder und rasteten, wenn sie ausgerastet hatten, gingen sie weiter. Am Mittag machte er ein Feuer, und sie brieten Kartoffeln und rösteten sich ihre Getreideähren. Das Wasser suchte er in einer Quelle oder in einem kalten Bächlein, die winzig über weißen Sand aus der schwarzen Walderde oder aus Gebüsch und Steinen hervorrannen. Wenn sie Stellen trafen, wo Beeren und Nüsse sind, so sammelten sie diese. Bei der Nacht machte er ein Feuer, machte dem Mädchen ein Lager und bettete sich selber, wie er sich in den ersten Tagen im Walde gebettet hatte. So wanderten sie weiter. Sie gingen an vielen Bäumen vorüber, an der Tanne mit dem herabhängenden Bartmoose, an der zerrissenen Fichte, an dem langarmigen Ahorne, an dem weißgefleckten Buchenstamme mit den lichtgrünen Blättern, sie gingen an Blumen, Gewächsen und Steinen vorüber, sie gingen unter dem Singen der Vögel dahin, sie gingen an hüpfenden Eichhörnchen vorüber oder an einem weidenden Reh. Der Bach ging um Hügel herum, oder er ging in gerader Richtung, oder er wand sich um die Stämme der Bäume. Er wurde immer größer, unzählige Seitenbächlein kamen aus den Tälern heraus und zogen mit ihm, von dem Laube der Bäume und von den Gräsern tropften ihm Tropfen zu und zogen mit ihm. Er rauschte über die Kiesel und erzählte gleichsam den Kindern. Nach und nach kamen andere Bäume, an denen der Knabe recht gut erkannte, daß sie nach auswärts gelangten; die Zackentanne, die Fichte mit dem rauhen Stamme, die Ahorne mit den großen Ästen und die knollige Buche hörten auf, die Bäume waren kleiner, frischer, reiner und zierlicher. An dem Wasser standen Erlengebüsche, mehrere Weiden standen da, der wilde Apfelbaum zeigte seine Früchte, und der Waldkirschenbaum gab ihnen seine kleinen, schwarzen, süßen Kirschen. Nach und nach kamen Wiesen, es kamen Hutweiden, die Bäume lichteten sich, es standen nur mehr Gruppen, und mit einem Male, da der Bach schon als ein breites, ruhiges Wasser ging, sahen sie die Felder und Wohnungen der Menschen. Die Kinder jubelten und gingen zu einem Hause. Sie waren nicht in die Heimat des Knaben hinausgekommen, sie wußten nicht, wo sie hingekommen waren, aber sie wurden recht freundlich aufgenommen und von den Leuten in die Pflege genommen. Inzwischen stieg wieder eine Rauchsäule von dem Hausberge empor, sie stieg in der Mittagsstunde auf, blieb eine Stunde gleichartig und hörte dann auf. Dies geschah vier Tage hintereinander, an jedem Tage um eine Stunde später: aber es war niemand da, das Zeichen verstehen zu können.«

Als der Großvater bis hieher erzählt hatte, waren wir an unserem Hause angekommen.

Er sagte: »Da wir müde sind und da es so warm ist, so setzen wir uns ein wenig auf den Stein, ich werde dir die Geschichte zu Ende erzählen.«

Wir setzten uns auf den Stein, und der Großvater fuhr fort: »Als man in Erfahrung gebracht hatte, wer der Knabe sei und wohin er gehöre, wurde er samt dem Mädchen in die Pechbrennerhütte zu dem Oheime gebracht. Der Oheim ging in den Wald hinauf und verbrannte vor Entsetzen die Waldhütte, in welcher der tote Pechbrenner mit seinem Weibe lag. Auch das Mädchen wurde von seinen Verwandten ausgekundschaftet und in der Pechbrennerhütte abgeholt. Siehst du, es ist in jenen Zeiten auch in andern Teilen der Wälder die Pest ausgebrochen, und es sind viele Menschen an ihr gestorben; aber es kamen wieder andere Tage, und die Gesundheit war wieder in unsern Gegenden. Der Knabe blieb nun bei dem Oheime in der Hütte, wurde dort größer und größer, und sie betrieben das Geschäft des Brennens von Wagenschmiere, Terpentin und andern Dingen. Als schon viele Jahre vergangen waren, als der Knabe schon beinahe ein Mann geworden war, kam einmal ein Wägelchen vor die Pechbrennerhütte gefahren. In dem Wägelchen saß eine schöne Jungfrau, die ein weißes Kleid und ein schwarzes Mäntelchen anhatte und an der Brust ein Brombeersträußlein trug. Sie hatte die Wangen, die Augen und die feinen Haare des Waldmädchens. Sie war gekommen, den Knaben zu sehen, der sie gerettet und aus dem Walde geführt hatte. Sie und der alte Vetter, der sie begleitete, baten den Jüngling, er möchte mit ihnen in das Schloß des Mädchens gehen und dort leben. Der Jüngling, der das Mädchen auch recht liebte, ging mit. Er lernte dort allerlei Dinge, wurde immer geschickter und wurde endlich der Gemahl des Mädchens, das er zur Zeit der Pest in dem Walde gefunden hatte. Siehst du, da bekam er ein Schloß, er bekam Felder, Wiesen, Wälder, Wirtschaften und Gesinde, und wie er schon in der Jugend verständig und aufmerksam gewesen war, so vermehrte und verbesserte er alles und wurde von seinen Untergebenen, von seinen Nachbarn und Freunden und von seinem Weibe geachtet und geliebt. Er starb als ein angesehener Mann, der im ganzen Lande geehrt war. Wie verschieden die Schicksale der Menschen sind. Seinen Oheim hat er oft eingeladen, zu kommen, bei ihm zu wohnen und zu leben, dieser aber blieb in der Pechbrennerhütte und betrieb das Brenngeschäft fort und fort, und als der Wald immer kleiner wurde, als die Felder und Wiesen bis zu seiner Hütte vorgerückt waren, ging er tiefer in das Gehölze und trieb dort das Brennen der Wagenschmiere weiter. Seine Nachkommen, die er erhielt, als er in den Ehestand getreten war, blieben bei der nämlichen Beschäftigung, und von ihm stammt der alte Andreas ab, der auch nur ein Wagenschmierfuhrmann ist und nichts kann als im Lande mit seinem schwarzen Fasse herumziehen und törichten Knaben, die es nicht besser verstehen, die Füße mit Wagenschmiere anstreichen.«

Mit diesen Worten hörte der Großvater zu erzählen auf. Wir blieben aber noch immer auf dem Steine sitzen. Der Mond hatte immer heller und heller geschienen, die Wolken hatten sich immer länger und länger gestreckt, und ich schaute stets auf den schwarzen Vogelbeerbaum des Nachbars.

Da streckte sich das Antlitz der Großmutter aus der Tür

heraus, und sie fragte, ob wir denn nicht zum Essen gehen wollten. Wir gingen nun in die Stube der Großeltern, die Großmutter tat ein schönes, aus braun und weiß gestreiftem Pflaumenholze verfertigtes Hängetischchen von der Wand herab, überdeckte es mit weißen Linnen, gab uns Teller und Eßgeräte und stellte ein Huhn mit Reis auf. Da wir aßen, sagte sie mit böser Miene, daß der Großvater noch törichter und unbesonnener sei als der Enkel, weil er zum Waschen von Wagenschmierfüßen eine grünglasierte Schüssel genommen habe, so daß man sie jetzt aus Ekel zu nichts mehr verwenden könne.

Der Großvater lächelte und sagte: »So zerbrechen wir die Schüssel, daß sie nicht einmal aus Unachtsamkeit doch genommen wird, und kaufen eine neue; es ist doch besser, als wenn der Schelm länger in der Angst geblieben wäre. Du nimmst dich ja auch um ihn an.«

Bei diesen Worten zeigte er gegen den Ofen, wo in einem kleinen Wännchen meine Pechhöschen eingeweicht waren.

Als wir gegessen hatten, sagte der Großvater, daß ich nun schlafen gehen solle, und er geleitete mich selber in meine Schlafkammer. Als wir durch das Vorhaus gingen, wo ich in solche Strafe gekommen war, zwitscherten die jungen Schwalben leise in ihrem Neste wie schlaftrunken, in der großen Stube brannte ein Lämpchen auf dem Tische, das alle Samstagsnächte die ganze Nacht zu Ehren der Heiligen Jungfrau brannte, in dem Schlafgemache der Eltern lag der Vater in dem Bette, hatte ein Licht neben sich und las, wie er gewöhnlich zu tun pflegte; die Mutter war nicht zu Hause, weil sie bei einer kranken Muhme war. Da wir den Vater gegrüßt hatten und er freundlich geantwortet hatte, gingen wir in das Schlafzimmer der Kinder. Die Schwester und die kleinen Brüderchen schlummerten schon. Der Großvater half mir mich entkleiden, und er blieb bei mir, bis ich gebetet und das Deckchen über mich gezogen hatte. Dann ging er fort. Aber ich konnte nicht schlafen, sondern dachte immer an die Geschichte, die mir der Großvater erzählt hatte, ich dachte an diesen Umstand und an jenen, und es fiel mir mehreres ein, um was ich fragen müsse. Endlich machte doch die Müdigkeit ihr Recht gelten, und der Schlaf senkte sich auf die Augen. Als ich noch im halben Entschlummern war, sah ich bei dem Scheine des Lichtes, das aus dem Schlafzimmer der Eltern hereinfiel, daß die Mutter hereinging, ohne daß ich mich zu vollem Bewußtsein emporrichten konnte. Sie ging zu dem Gefäße des Weihbrunnens, netzte sich die Finger, ging zu mir, bespritzte mich und machte mir das Kreuzzeichen auf Stirn, Mund und Brust, ich erkannte, daß alles verziehen sei, und schlief nun plötzlich mit Versöhnungsfreuden, ich kann sagen, beseligt ein.

Aber der erste Schlaf ist doch kein ruhiger gewesen. Ich hatte viele Sachen bei mir, Tote, Sterbende, Pestkranke, Drillingsföhren, das Waldmädchen, den Machtbauer, des Nachbars Vogelbeerbaum, und der alte Andreas strich mir schon wieder die Füße an. Aber der Verlauf des Schlafes muß gut gewesen sein; denn als man mich erweckte, schien die Sonne durch die Fenster herein, es war ein lieblicher Sonntag, alles war festlich, wir bekamen nach dem Gebete das Festtagsfrühstück, bekamen die Festtagskleider, und als ich auf die Gasse ging, war alles rein, frisch und klar, die Dinge der Nacht waren dahin, und der Vogelbeerbaum des Nachbars war nicht halb so groß als gestern. Wir erhielten unsere Gebetbücher und gingen in die Kirche, wo wir den Vater und Großvater auf ihren Plätzen in dem Bürgerstuhle sahen.

Seitdem sind viele Jahre vergangen, der Stein liegt noch vor dem Vaterhause, aber jetzt spielen die Kinder der Schwester darauf, und oft mag das alte Mütterlein auf ihm sitzen und nach den Weltgegenden ausschauen, in welche ihre Söhne zerstreut sind.

Wie es aber auch seltsame Dinge in der Welt gibt, die ganze Geschichte des Großvaters weiß ich, ja durch lange Jahre, wenn man von schönen Mädchen redete, fielen mir immer die feinen Haare des Waldmädchens ein: aber von den Pechspuren, die alles einleiteten, weiß ich nichts mehr, ob sie durch Waschen oder durch Abhobeln weggegangen sind, und oft, wenn ich eine Heimreise beabsichtigte, nahm ich mir vor, die Mutter zu fragen, aber auch das vergaß ich jedesmal wieder.

Wolfgang Hilbig
In der Schillerstraße

Wirklichen Nebel, die wirkliche Stille wirklichen Novembernebels, gab es nur in der seinerzeit noch ungepflasterten Schillerstraße. Vielleicht wurde der Nebel von den allgewaltigen Kastanienbäumen angezogen, die das rechte Trottoir der Schillerstraße engstehend, allzu eng stehend, säumten – es gab nur das rechte Trottoir, ein linkes war nicht vorhanden, auf der linken Seite stieß die Straße übergangslos gegen die beklemmende Vertikale einer ungeheuerlichen Fabrikmauer, so akkurat gefügt aus braunroten glasierten Ziegeln, daß man weder zuerst an die Höhe der Mauer dachte noch auch an die Vielzahl ihrer Ziegelsteine, sondern eher an das unschätzbare Gewicht, das hier auf dem Erdkörper lastete. Dennoch fiel die Fabrikmauer sofort auf ein Normalmaß zusammen, ließ man das Auge auf die rechte Seite hinüberschweifen: die Kastanien waren alt und mächtig, mühelos überragten sie die Mauer, vielleicht schon mehr als ein Jahrhundert lang waren sie in souveräner Gleichgültigkeit mit nichts sonst beschäftigt, als im unbeirrbaren Rhythmus der Jahreszeiten ein- und wieder auszuatmen; im Schatten solch majestätischer Überlegenheit stellte die Fabrik, überdies war sie bis zum letzten Kriegsende eine Munitionsfabrik gewesen, nur eine zwar beschämende, im Grunde jedoch nichtswürdige Abirrung des Menschenverstands dar. Die Kronen der Bäume luden so weit bis über die Straßenmitte aus, daß die Sonne im Zenit stehen mußte, um mit einigen ihrer Strahlen direkt bis in die Schillerstraße zu treffen. Das Mittagslicht senkte sich durch das großblättrige Laub, verfärbte sich auf wunderbare Weise, eine unterseeisch erscheinende, goldgrüne Dämmerung schwamm durch die Innenwölbung, nur links drüben reflektierte gleißend die Ziegelglasur, sonst floß die Heiligkeit in einer matten Orgie schattenhafter Wasserfarben durch eine Meerenge, zu deren Ufern hin Poseidons Formenwollust eine Reihe gigantischer Riesenkastanien aus der Flut gebäumt hatte, so dichtstehend, daß ihr nur selten wogendes Blättergeflecht kaum einmal ein zusammenhängendes Stück Sonnenlicht bis zum Grund fallen ließ. Wenn die Kastanien den Sommer ausgeatmet hatten, verwandelte sich der rechte Rand des Straßenkanals so heftig, daß man dem ersten Augenschein des seltsamen Geschehens nicht ohne unheimliche Empfindungen entkam. Die Kastanien, zuvor war ihr Leuchten immer goldener geworden, waren plötzlich kahl: in einem Akt nahezu feindseliger Desillusionierung entblößten sie vor aller Augen die ganze heillose Verworrenheit ihrer Verästelungen, die ein reiner Irrsinn genannt werden mußten, dem in all seine Einzelheiten zu folgen unmöglich war. Feuchtschwarz und starr ragten sie in den eisengußfarbenen Himmel und wirkten plötzlich wie ein Geschlecht widerspenstiger Könige, die ein Zauber aus jedem Bereich des Verständlichen verbannt hatte. Ihre dunkle Verwachsenheit bildete einen so krassen Gegensatz zu den geometrischen Linien der weißen Mörtelfugen auf dem jenseitigen Ufer ab, daß man erleichtert war, wenn der einziehende Nebel den Blick auf diesen Widerstreit zu trüben begann. Doch dann wiederum schien der Nebel zu einem die Wahrnehmungsfähigkeit erdrückenden Machtmittel der Natur zu werden, das gegen alles gerichtet war, was man von der Wirklichkeit erwartete. Nach und nach sah man die schwarzen Umrisse der

Kastanien in einer trockenen milchfarbenen Flut verschwinden, deren Dichte mit unmerklicher Beharrlichkeit zunahm, ohne daß irgendein Quell für die Herkunft dieses unerschöpflichen Anwachsens zu entdecken gewesen wäre. Wenn nur noch die allerstärksten Gabeln der Baumäste aus nächster Nähe als undeutliche Schemen zu erkennen waren, die in bewegungslosem weißgrauem Schaum schwammen – da sie weder mit dem Boden verankert noch, wie sonst, mit ihren Spitzen das Himmelsterrain abzustützen schienen, sondern sich nach allen Richtungen hin ins Nichts auflösten, als seien sie selbst im Begriff, zu Dampf zu zergehen –, und wenn man am Ort der einen von der nächsten der dichtstehenden Kastanien wirklich keinen Schimmer mehr sehen konnte, wenn man völlig verloren und sich selber ungewiß zwischen ihnen irrte, dann glaubte man, daß kein Hauch eines Nebels mehr Platz haben dürfe in der Schillerstraße, dann glaubte man, daß der Nebel schon bis in den Weltraum reiche, und wußte doch genau, daß er aus dem Unergründlichen, aus sich selbst heraus nämlich, immer weiter zunahm und zunahm. Es war dann dermaßen still in der Schillerstraße, daß die Kinder davor gewarnt wurden, sie zu betreten, da es zwecklos gewesen wäre, aus dieser Stille nach irgendwem zu rufen. Man hätte doch, wie in der milchigen Hülle eines Traums, den eigenen Ruf nicht mehr hören können; es ist leicht zu verstehen, daß der Nebel in dieser Straße den Zwischenraum, den zwei sich schwerfällig voneinander lösende Lippen für einen Moment bildeten, sofort als eine Mundöffnung wahrnahm, durch welche er eindringen konnte; der Druckausgleich zwischen dem Körperinneren und der äußeren Atmosphäre war für ihn, in seiner leichten und geschmeidigen Beschaffenheit, kein Problem, denn er war von einer scheinbar widersprüchlichen Eigenart, die man als trocken sowie flüssig hätte bezeichnen müssen. Es war eine kühle Sanftheit in seinem Wesen, die alles zu überwinden imstande war, da sie aus einem unirdischen, aus einem Geisterreich stammte. Der Nebel war von einer Substanz, die man auch dann noch nicht als unangenehm empfand, wenn man sie schon in den Eingeweiden wußte, man spürte sie und spürte sie nicht, sie war eine kühle und beruhigende Erleichterung, eine nur sehr fernliegende Unruhe, der man sich gern ergeben hätte, die Substanz war fast geschmacklos, nur etwas kaum wahrnehmbar Süßes haftete ihr an, ein Geschmack vielleicht, wie er irgendwie auch, wenn man nur lange genug schmeckte, aus der derben Bitterkeit der wachsbleichen Kerne unter der Schale der Kastanienfrüchte herauszufinden war; und einen Anflug von Brandgeruch enthielt der Nebel, ebensowenig offensichtlich, es war nur der Schatten eines Brandgeruchs, den er angenommen haben mußte, als er, auf seinem langen, ein ganzes Jahr dauernden Weg bis in die Schillerstraße, an der Hölle vorübergezogen war ... wenn man also längst schon Lungen aus Nebel hatte, milchweiße Blutbahnen aus Nebel, und ein schwindliges Gehirn aus Nebel, und wenn man gar nicht mehr daran dachte zu rufen, da man begonnen hatte, sich von innen heraus in Nebel zu verwandeln, dann wußte man plötzlich, daß man in einer Stille wandelte, die sonst nirgends möglich war, außer in der Unendlichkeit, aus der dieser Nebel kam. Es war eine Stille, in der das Wort Geräuschlosigkeit einen vergleichsweise entsetzlichen Lärm, einen Maschinenlärm gemacht hätte. Das Denken in dieser Stille war ein völlig geräuschloses Denken, so daß man es für nicht vorhanden erachtete, es gab keinen Gedanken mehr, durch den man hätte zu Fall kommen können, ganz abgesehen davon, daß man durch einen Fall, auch wenn es ein noch so unverhoffter war, überhaupt nicht auf den Erdboden stürzen konnte ... man konnte sich höchstens überschlagen wie ein aufsteigender Ballon, mehrfach überschlagen, neben sich einiges segelnde Herbstlaub, das man mitgerissen hatte, und wenn man wieder zur Ruhe gefunden hatte, gab es nirgendwo mehr, weder oben noch unten, noch in einer der sogenannten Himmelsrichtungen, die allergeringste Festigkeit in der dichten weißen Stille, und nichts mehr, worauf man den Fuß setzen konnte. Man durfte also den Mund nicht öffnen in der Schillerstraße, ohne eine Öffnung zu zeigen, mußte man atmen, wie die Kastanien in der Schillerstraße, man durfte nur unendlich langsam atmen, durch die zusammengebissenen Zähne, die sogleich schneidend kühl wurden und Sekunden später nicht mehr fühlbar waren; man durfte nur langsam gehen, und möglichst geradenwegs von einer der dunklen Schattenkastanien bis zur nächsten: auch dabei hätte man eine Strecke in völliger Ungewißheit durchschritten, und man spürte, wie allein man war, wie wenig zugehörig der Erde, deren Nähe für lange Augenblicke unerreichbar schien. Solange man sich also im Raum des Nebels in der Schillerstraße aufhielt, mußte man sich in der Tat wie ein den Kastanien gleichendes Fabelwesen bewegen, das länger als ein Jahrhundert lautlos zu existieren vermochte.

Dennoch war es einfach unerträglich, nicht in die Schillerstraße zu gehen. Der nur zwei Minuten lange Weg bis zu ihrem Eingang – schon diesen konnte man am Abend aufgrund eines braunen und irritierenden Dunstgemischs, das durch die Hauptstraße trieb, leicht für einen in die Tiefe fallenden Schlund halten – war von der sonderbaren Spannung begleitet, die einem Grenzübertritt vorangeht. Dann aber kam der

Weg bis zu der einzigen Straßenlampe, die es in der Schillerstraße, etwa in ihrer Mitte, gab, und es war eine Expedition,
ein Abenteuer, das dem Seefahrer Odysseus zur Ehre gereicht
hätte. Man tauchte ein in die undurchsichtige Strömung einer
langgezogenen Grotte in unbekannten Meerestiefen, schon
nach wenigen Schritten hörte man nichts mehr vom Gehen
der eigenen Füße, denn man betrat einen glitschigen federnden Laubteppich, das dicke weiche Feld der Blätter, die von
den Kastanien gefallen waren, bis über die Knöten Territo-
rien an der Fußsteigkante, zu pyramidenähnlichen Mahnma-
len aufgeschichtet; man ging nicht mehr gern in die Schillerstraße, man konnte Gefahr laufen, wenn man versehentlich
ein paar der ordentlich aufgehäuften Blätter verstreute, zum
alleinigen Verursacher allen Übels in der Schillerstraße erklärt und mit Gezeter überschüttet zu werden.

Eines Tages waren die Kastanienbäume gefällt worden.
Ich war in die Stadt zurückgekommen und schon mehrmals
an der Einmündung der mir plötzlich größer erscheinenden
Schillerstraße vorbeigegangen, mit einer unguten Ahnung,
die ich mir nicht erklären konnte, ehe ich des Unfaßbaren
gewahr wurde: ich starrte in eine kahle, verwüstete Sand-
bahn von erschreckender Öde, hohler Wind peitschte dunkle
Sandfahnen in die Lüfte und warf dreckige Zeitungen gegen
die rohe Fabrikmauer. Kinder mit deprimierten Gesichtern
saßen auf den Baumstümpfen am Bordstein und schippten
mit Löffeln Straßenstaub in kleine Plastikbadewannen, um
ihn dann unwirsch wieder auszuschütten. Ab und zu begeg-
neten sich knatternde Automobile auf der Straße und hupten
sich ärgerlich an. Unter den Anwohnern schien Burgfrieden
eingekehrt, wenn auch ein feindseliger Frieden. Die Unzu-
friedenheit mit der Stadtverwaltung war geblieben: der Ent-

schluß, die Bäume zu fällen, war zu spät gefaßt worden, als daß man glauben konnte, sein Grund wäre das Begehren der Bürger gewesen; außerdem gab es plötzlich Störungen beim Fernsehempfang, was darauf geschoben wurde, daß die elektromagnetischen Einflüsse aus der gegenüberliegenden Fabrik jetzt ungehindert von den Antennen aufgefangen werden konnten. Des Nachts war es auf der Schillerstraße heller als bei Tag, aus den vielleicht fünf Meter hohen Fensterfronten des Werkes ergoß sich blaurotes Neonlicht und überflutete flackernd die Vorgärten, das Licht war mit dem rasenden Lärm der Maschinen legiert, es tanzte und rotierte im Verein mit dem eisernen Schall der Fertigungshallen, ein unausgesetztes Tohuwabohu von Licht und Lärm wurde gegen die Wohnhäuser abgefeuert, in denen man kopfstehen wollte. Die Fenster der Arbeitshallen mußten im Sommer wegen Hitze geöffnet werden, und das Dröhnen, unter dem man das Brüllen der Arbeiter und das Kreischen der Arbeiterinnen hörte, schwoll, um ein Vielfaches gewachsen, mit einem üblen gelblichen Öldunst im Schlepp heraus auf die Schillerstraße, die sich in ein Niemandsland der Produktionsfront verwandelt hatte, von deren Vormarsch die schief aufgehängten, idiotischen Transparente kündeten, die manchmal auf das zweite Trottoir herabdonnerten, das man angelegt hatte. Doch dabei wurde niemand verletzt, weil keine Menschenseele dies zweite Trottoir benutzte. In den Morgenstunden erreichte der Produktionslärm eine gewisse Spitze, danach jagte die Nachtschicht johlend auf Motorrädern davon, die Tagschicht erhöhte den Krach zu vollem Einsatz. Die Umstände dieser Geschäftigkeit schienen bis zum Himmel emporzustürmen, denn sogar die Vögel, die ich vor Jahren noch für Fische gehalten hätte, verließen die Schillerstraße. Bald

waren auch einige der Häuser leer und dem Verfall preisgege-
ben, Fenster und Türen wurden zugenagelt, niemand fand
sich, der in die unbewohnbare Straße einziehen wollte. Niemand fegte die Pappbecher, Blechdosen und leeren Flaschen
zusammen auf der Schillerstraße; zuletzt lösten sich sogar
die zierlichen blauweißen Schilder mit dem Straßennamen
aus den Halterungen, rosteten, hingen klappernd und unleser-
lich an der letzten Schraube, ein schlammiger fetter Absud
aus der Luft setzte sich auf die glatt abgeschnittenen Stümpfe
der Kastanien, zu deren Rodung man Dynamit gebraucht
hätte, doch damit wären die Vorgärten gefährdet worden.
Die Jahreszeiten änderten sich nicht mehr auf der Schillerstraße, abgesehen von einigen Tagen mit nackter sengender
Sonne im Sommer blieb die Witterung immer trüb, naßkalt,
wolkenverhangen, schmutzig; und in dieser Atmosphäre koch-
te unablässig der Lärm, dessen Vibrationen nach und nach
alles auf der Schillerstraße zermürbten, die Häuser, die Menschen, ja die Grundfesten der Fabrik selbst. Wie ein unaufhalt-
sam eindringender Keil schien sich die Masse der Erschütte-
rungen tiefer und tiefer in das Erdreich unter der Schillerstraße
zu graben ... es nützte nichts, daß man die Straßendecke
eines Tages mit Beton überzog. Die Betondecke schien den
tödlichen Krach nur willkommen zu heißen und katapultier-
te ihn mit dankbarer Resonanz zurück. Wo die Wurzeln der
Kastanien im Boden staken, bildeten sich alsbald Risse im
Beton, ihren eigentlichen Ursprung jedoch schienen sie direkt im Erdkern zu haben. Die weißen Nebel entstanden nie
wieder in der Schillerstraße; sie, die im Verein mit den Kastanien das Geheimnis des Lebens zu verbergen schienen, hatten, als jene entfernt wurden, den Tod aufgedeckt.

Sylvia Geist
Indisch Blau

Die Stare sind nach und nach gekommen. Einzeln und in kleinen Gruppen ließen sie sich zwischen den Leitungsmasten nieder, wo sie, schwarz und rundlich aufgeplustert, auf den Drähten über- und nebeneinander hockten, einer komplizierten Partitur ähnlich, um nach ein paar Minuten erneut aufzusteigen. Während dann die in rascher Folge um einen Vogelleib nach dem anderen entlasteten Drähte noch nachschwangen, ballte sich der Schwarm über Margos Kopf zu einer kulissenhaft ab- und wieder zurückschwenkenden Wolke, als wären die Vögel auf einen unsichtbaren Faden gezogen und ein einziger unter ihnen genügte, um sie alle zu lenken, sei es zu einem besseren Platz oder ins Verderben.

Dutzende Male, so kommt es Margo vor, haben sie dieses Ritual vollzogen, und die ganze Zeit über ist kein Ruf zu hören gewesen, nur das Sirren hunderter Flügel, die die Herbstluft aufrührten, dass es sich anhörte wie ein leichter Wind, ein Geräusch, an dem nichts ungewöhnlich war, außer dass es nun, nachdem die Vogelwolke sich längst und endgültig im klaren Oktoberhimmel verflüchtigt hat, immer noch nicht verebbt ist.

Den Staren die Schuld zu geben, wäre natürlich Unsinn, die markieren nur den Zeitpunkt, an dem es eingesetzt hat, den Nachmittag, an dem sie sie zum ersten Mal die Leitungsdrähte hat besetzen sehen, und das war kein Schock, kein horribler Moment, sondern einer von der Sorte Schönheit, die für gewöhnlich rasch vergessen ist.

Der Arzt im Nachbarort hat ihr die Ohren ausgespült, genützt hat es nichts. Nun redet er von Lärmsmog und allgemeiner Überforderung. Tatsächlich hat Margo selten in einer so ruhigen Umgebung gearbeitet wie in dem Städtchen nahe der Grenze, das diesen Titel lediglich trägt, weil vor gut vierhundert Jahren einigen um die alte Kupfermine verstreuten Hütten und Gehöften die Stadtrechte verliehen worden sind. Heute ist es nichts weiter als ein Außenposten des ländlichen Verwaltungsbezirks, von dem es, den löchrigen Straßen und verrammelten Häusern nach zu urteilen, schon vor längerer Zeit vergessen worden ist. Es gibt ein Weingut, wie in fast jedem Dorf hier, aber die Bäckerei ist verwaist, und Margo kauft Brötchen zum Aufbacken in dem Kramladen, in dem man auch Kaffee, Konserven und Toiletteartikel bekommt. Außerdem gibt es noch zwei Gaststätten und eine Bücherei, die jeden Dienstagnachmittag geöffnet hat. Margo erinnert sich, wie sie Andres kurz nach ihrer Ankunft schrieb – nur halb im Scherz –, sie fühle sich wie in einer Einsiedelei, von der Außenwelt abgeschnitten, obwohl sie da noch mit dem Kombi in der Gegend herumfahren konnte. Meistens steuerte sie eine der Anhöhen an, die den Ort wallartig umlagern, und ging die schmalen Wege zwischen den Weinbergen ab, besinnlich gestimmt, als vermittelte die strenge Geometrie der Reben ein besänftigendes Gefühl von Zusammenhang und Ordnung.

Auch das Städtchen bietet von dort aus einen ordentlichen Anblick mit seinem gelben Kirchturm und den schieferdunklen Dächern. Welche davon neue Schindeln vertragen könnten oder wieviele dieser Häuser nicht mehr bewohnt sind, sieht man aus der Entfernung nicht.

Es ist eines der Städtchen, in dem jeder jeden kennt, auf

eine bedrückend intime und zugleich oberflächliche Weise, als wären die Einheimischen samt und sonders verwandt und durch einen irrwitzigen Bann dazu verurteilt, hier den Rest ihres Lebens miteinander auszuharren. Was die Leute von ihr halten, kann Margo nur ahnen, die Distanz zwischen ihr und ihnen jedenfalls legt sie der Einfachheit halber als eine respektvolle aus. Dass sie im Schückehaus arbeitet, hat sich binnen weniger Tage herumgesprochen. Inzwischen weiß jedes Kind, dass sie taub geworden ist, und die Gesichter werden freundlicher.

Das mit der Taubheit ist eine Übertreibung, doch es ist zwecklos, gegen eine Legende, auf die man sich im Städtchen geeinigt hat, ankommen zu wollen. In Wirklichkeit hat Margo den Eindruck, sie höre ununterbrochen etwas, nur lassen die Töne kaum mehr auf ihre Quellen schließen. Eine Autohupe kann klagen wie ein Nebelhorn, ein Martinshorn trompeten wie ein Schwan, deshalb lässt sie den Kombi stehen und schiebt ihre Gerätschaften in einem Einkaufswagen zum Schückehaus und wieder zurück. Zuerst hat sie sich, mehr aus Gewohnheit denn aus Anhänglichkeit an das zu ihrem Vehikel passende Geräusch, das Rasseln des dünnen Metallgestells auf dem Katzenkopfpflaster dazugedacht, das helle Scheppern, wenn sie den Wagen über eine Bordsteinkante holpern lässt.

Mit einer kleinen Verzögerung kann sie sich auch das Brummen eines Lastwagens draußen auf dem Marktplatz in Erinnerung rufen, wenn unvermittelt die Holzdielen der Mansarde unter ihren Füßen erzittern, das leise Fauchen im Palettofen, wenn hinter der rußigen Luke der Zündfunke aufglüht, oder das Glucksen morgens, mit dem der Kaffeeduft sich in der Mansardenwohnung verbreitet, die man ihr im ehemaligen Ratsgebäude zugewiesen hat. Die wie ein Wochenendritual zelebrierten Streitereien des Paars im Stockwerk unter ihr oder die auf den zu dieser Jahreszeit meistens menschenleeren Marktplatz hinausplärrende Schlagermusik aus einem der Häuser gegenüber vermisst sie nicht, und mitunter fragt sie sich schon, ob nicht das Flügelschwirren hunderter Vögel oder woran ihre vage Innenohrmusik noch erinnern mag, der mal kläglichen, mal lärmigen Beredsamkeit des Städtchens womöglich vorzuziehen sein könnte.

Brauchen Sie etwas? schreibt der Hausmeister auf seinen Zettelblock.

Margo schüttelt dankbar den Kopf. Die meisten Leute schreien ihr in die Ohren, so dass sie die Stimmen schmerzhaft hart gegen ihr Trommelfell branden fühlt; zugleich erreichen sie sie irritierend zögerlich, als lebte sie seit neuestem in einer Atmosphäre, die den Schall beinahe zum Stillstand bringt und ihn dabei so verzerrt, dass die Wörter in Silben und Laute zerfallen, bis sie einer Fremdsprache anzugehören scheinen, die sie noch nicht erlernt hat.

»Heute nicht, danke«, sagt Margo, irritiert über ihre eigene, dumpf durch ihren Schädel dröhnende Stimme, als sei ihr jemand ins Wort gefallen.

Der Hausmeister mustert sie mit zusammengekniffenen Augen, nickt und kritzelt noch etwas auf seinen Zettelblock: *Und Ihr Mann?*

Wieder verneint sie, bedauernd um seinetwillen, denn er macht sich Sorgen, das kann sie sehen, also fügt sie hinzu: »Ich glaube, der Funkmast streikt mal wieder.«

Der Funkmast auf dem Burgberg fällt bei ungünstigem Wetter manchmal aus, dann funktioniert im Talkessel auch das

Internet nicht. Heute ist das nicht der Fall, von Andres hat sie dennoch keine Nachricht, aber das muss der Hausmeister nicht wissen.

Bei der Erwähnung des Funkmasts verzieht er die Lippen zu einer jovialen Grimasse, als seien sie beide gleichermaßen Opfer widriger Umstände. Sie gehört jetzt zum Inventar der Stadt, für das er verantwortlich ist, es würde ihn beruhigen, Margo in Obhut zu wissen, so wie es ihn beruhigt, dass das Schückehaus in diesem Herbst endlich einigermaßen beheizt und gelüftet wird.

Das Haus ist zur Zeit Ludwigs des Schwarzen von einem Grubenbesitzer namens Carl Georg Schücke erbaut worden und das letzte Gebäude aus jener fernen Glanzzeit der Stadt. Nachdem man es im 19. Jahrhundert als Armenhaus genutzt, später vermietet und schließlich sich selbst überlassen hat, ist fast nichts mehr davon übrig. Ein Seitenflügel ist abgerissen, der Dachstuhl nach einem Brand modernisiert worden, immer wieder hat man Wände durchbrochen und neue eingezogen. Nur im Blauen Salon gibt es noch Anlass zur Hoffnung. Es ist ein großer, von einer Arkade dicker Eichenbalken geteilter Raum, der durch Stock-, Schimmel- und Farbflecken hindurch in einem wolkigen, merkwürdig unwirklichen Blau schimmert, und ohne dass man es ihr hätte sagen müssen, ist Margo überzeugt, dass die Idee mit dem Museum dort geboren wurde.

Bis vor Kurzem hat man ab und zu noch einen potentiellen Geldgeber hierher geführt, nun gehört der Salon ihr allein. Die Luft ist feucht und riecht nach Mäusen und Fäule, und des Schimmels wegen trägt Margo eine Atemmaske, doch das Tageslicht wandert rasch, während sie die Wände von allen nur erdenklichen Verunreinigungen säubert, und wenn sie an manchen Tagen auch nur zentimeterweise vorankommt, geht etwas von der Selbstvergessenheit des maroden Raums auf sie über. Es ist nicht stiller als irgendwo sonst, aber hier gleicht das flatternde Schwirren in Margos Innenohr sich dem ebenmäßigen Rhythmus ihres Atems an, als arbeite sie wieder in einträchtigem Schweigen mit jemandem zusammen.

Obgleich sie hier an ihn so wenig denkt wie an ihr Gehör, kann das kein anderer sein als Andres. Er hätte Mitte Oktober aus Perugia kommen sollen, aber in seiner letzten Mail hat er eine weitere Verlängerung seines Aufenthalts angekündigt. *Leider*, schreibt er, als wäre seine langwierige Arbeit an der Ficino-Handschrift eine lästige Pflicht, aber Margo weiß, dass er gern in Perugia ist. Sie hat ihm geschrieben, in heiteren, verständnisvollen Formulierungen, die nichts von ihrer Enttäuschung erkennen ließen, und in einem Nachtrag auch die Sache mit ihren Ohren erwähnt. Er hat noch nicht geantwortet.

Dagegen rufen ihre Eltern jede Woche an. Sie müsste ihnen schreiben, erklären, dass sie momentan nicht gut sprechen kann. Sie stellt sich die besorgte, betont fröhliche Stimme der Mutter vor, die etwas zu taktvolle Rücksichtnahme, die man ihr wie einer für irgendwelche Versäumnisse zu hart, letztlich jedoch zu Recht Gestraften schon bei geringeren Anlässen entgegenzubringen pflegt, und schiebt es auf. Seit dem Zwischenfall – für sich nennt sie es so, als wäre ihre Beeinträchtigung durchaus auf etwas Bestimmtes, dabei aber ganz Zufälliges wie das Auftauchen jener Stare zurückzuführen – nimmt sie kaum einen Anruf entgegen.

Der Hausmeister bringt neue Gasflaschen und hilft Margo beim Anschließen der Lufttrockner. Dann schlägt er sich mit der flachen Hand an die Stirn, kramt in seiner geräumigen Ledertasche und bringt ein in Geschenkpapier gewickeltes Päckchen zum Vorschein.

Was sagt der Spezialist?, krakelt er auf seinen Block.

»Der Termin ist nächste Woche«, erklärt Margo. Erstaunlich, wie genau diese Antwort der Wahrheit ähnelt, obwohl sie sich doch entschlossen hat, den Audiologen in der Kreisstadt vorerst nicht aufzusuchen. Möglich, dass weitere Untersuchungen mehr Aufschluss bringen, oder man verordnet ihr ein Hörgerät, aber das hat Zeit.

Es geht voran, schreibt er und deutet mit dem Kinn auf eine besonders blaue Stelle. Es ist die, von der Margo heute einige Farbproben genommen hat. Sie hebt ratlos die Hände, er missdeutet ihre Geste und schlägt ihr anerkennend auf die Schulter. Oder, denkt sie und steckt sich eine ihrer täglichen drei Zigaretten an, sie ist es, die ihn missdeutet, und er weiß mehr als sie glaubt.

In der Mansarde wickelt sie das Päckchen aus. Es ist ein Baumkuchen, *selbstgebacken*, steht auf der Karte, die die Frau des Hausmeisters dazugelegt hat. In letzter Zeit vergeht kaum ein Tag, an dem man Margo nicht das neue Wohlwollen des Ortes ausdrückt, ihr mit einer zarten Berührung am Arm den Vortritt an der Kasse des Universalladens lassen will, wie einer Hochschwangeren, ihr anbietet, sie zum an der fünf Kilometer entfernten Autobahnzufahrt gelegenen Supermarkt mitzunehmen oder ihr kleine Aufmerksamkeiten zukommen lässt. Selbst die junge Frau, deren Stimme früher die Sonntagsruhe zerschnitten und die nie gegrüßt, sondern nur misstrauisch geäugt hat, blickt Margo mit fragender Schüchternheit ins Gesicht, seit bekannt ist, dass die Fremde in der Mansarde keinen Anteil mehr nehmen kann an dem, was im Haus vorgeht. Margo vermutet, dass sie wegen ihrer Taubheit inzwischen von jedem Verdacht freigesprochen ist. Natürlich ist sie nach wie vor eine Fremde, aber nur, weil sie nicht hier geboren ist, aus keinem anderen Grund. Ihre Zurückgezogenheit bedeutet nicht länger Arroganz, sondern Bescheidenheit, ihr lächelndes Achselzucken Sich-Fügen in die Gegebenheiten, ihr Schweigen Zustimmung.

Und weshalb sollte sie auch nicht zustimmen: Nichts von dem, was sie hört, ist vollständig oder eindeutig genug, um Widerspruch herauszufordern. Nicht einmal das Fernsehprogramm, mit dem sie sich nach einem weiteren Tag im Blauen Salon in den Schlaf lullt, ist noch ein Ärgernis. Kein Dialog stört die Vorgänge in den Gesichtern und die Gesten der Körper, kein Orchester bricht in die Landschaften ein oder in die Stille eines Hauses, in der Menschen schlafen oder sich umarmen, die Bilder entfalten eine ähnliche Vieldeutigkeit wie die Farben im Blauen Salon.

Die Klarheit, mit der die unter den mit äußerster Vorsicht abgetragenen Lagen Staub, Kleister und Stockflecken allmählich zutage treten, hat allerdings etwas zunehmend Desaströses. Margo steht fröstelnd im unerbittlichen Mittagslicht und starrt auf den Ziegelboden, nicht auf das von unzähligen feinen Brüchen gemaserte Fresko, das Luftfeuchtigkeit, gefräßige Sporen und eine lange Reihe unbekannter Bewohner auf die Wand gemalt haben, als sie mit der in der Jackentasche steckenden Linken den Anruf eingehen fühlt, aber es ist wieder nicht Andres.

Sie hat sich vorgenommen, die Mutter irgendwie auf einen baldigen Rückruf zu vertrösten, doch die Minuten vergehen, und indem sie, dessen ist sie so gut wie sicher, für das Ohr am anderen Ende deutlich vernehmbare, lächelnde Laute des Einverständnisses und der Aufmunterung von sich gibt, löst sich ihr Widerstand in eine Art friedliche Verwunderung auf.

Als gehorchten diese Telefonate seit Jahren einer geregelten Dramaturgie, genügen ihr die geringfügigsten Amplituden im dahinsummenden Singsang der Mutter, um zu wissen, an welchem Punkt ihres Gesprächs sie angelangt sind: Gegenseitigen Versicherungen des Wohlbefindens folgen Grüße vom Vater – dieser Abschnitt ist an einer Zäsur in der Grundmelodie, akzentuiert vom Auflachen der Mutter, besonders leicht zu erkennen –, der sich aus dem Hintergrund erkundigt, wann sie die *Feldarbeit* gegen ein warmes Institutsbüro einzutauschen gedenke, sowie der Befund, Margo solle auf solche Zwischenrufe nichts geben – wenn es auch jenseits der Dreißig für einen Menschen an der Zeit sei, sesshaft zu werden und eine Familie zu gründen. Auf den Appell, sich mit Andres *zu versöhnen*, darf sie schweigen, doch heute sagt sie an dieser Stelle *ja,* in amüsiertem Ton, als handle es sich um eine Bagatelle. Dann kommen Anmerkungen zur Jahreszeit und zu den fälligen Gartenarbeiten, nach denen nun Margo zu fragen hat, und, gleichsam als Schlussakkord, die dreistufige Abschiedsformel: Pass auf dich auf / Du auch. Bis bald – bis bald.

Das Ganze ist dermaßen einfach gewesen, dass sie sich schämt, als hätte sie sich eben eines Betrugs schuldig gemacht. Aber es ist ja keiner. Die Vorstellung, sich mit einem Gefühl des Einklangs von der Mutter zu verabschieden, das der Anhänglichkeit, die sie als Kind empfunden hat, so nahe kommt wie seit langem nicht, könnte Betrug sein, ist einfach lächerlich. Falls es einer ist, dann doch ein guter – wer sagt, dass es so etwas nicht geben kann? Unvermittelt erinnert sie sich, dass Andres ihr einmal erzählt hat, in Indien habe es vor den Briten kein Wort für *Meineid* gegeben, so ein Tatbestand habe gar nicht existiert. Wie sie darauf gekommen sind, weiß sie nicht mehr. Auch nicht, wie seine Stimme damals geklungen hat.

Wie kommen Sie voran?, ruft Elena – wenigstens meint Margo, dass es diese Worte sind, die sie teils den Lippen der anderen abliest, teils aus den gedehnten Vokalen zusammenbuchstabiert. In dem von Schwarzschimmel überwucherten Tonnengewölbe der Kellerei fließen die Wörter ineinander, überlagern sich wie Töne eines absurden Glockenspiels.

Elena Lamp, aus der Kreisstadt stammend und seit ihrer Heirat mit dem Besitzer des Weinguts die am besten beneidete Frau im Ort, ist eine begeisterte Förderin des Schückeprojekts. *Das Blau*, will sie wissen: Wieviel Margo schon freigelegt habe, ob man bei der Restaurierung nur mit natürlichen Pigmenten arbeiten dürfe, und so weiter.

Margo sieht Elena nicht mehr auf den Mund, sie weiß, es geht um Geld. Für ihr Honorar hat der Förderverein private Spenden gesammelt, kein Wunder, dass man ihrem abschließenden Gutachten mit einer Mischung aus Ungeduld und Bangen entgegensieht. Wegen seines beklagenswerten Zustands steht das Haus nicht unter Denkmalschutz, und Mittel, um das zu ändern, gäbe es vom Ministerium erst, wenn man bereits andere Geldgeber gefunden hätte – Elena hat das alles schon oft erzählt. Margo neigt zustimmend den Kopf, gleichzeitig bewegt sie die Hand, als streiche sie tastend über einen zerbrechlichen Gegenstand.

»Es ist noch zu früh«, sagt sie endlich und hofft, dass sich das für Elena nicht so verschwommen und hohl anhört wie für sie selbst.

Aber etwas müsse Margo doch schon erkennen können, fragt Elena, wieder oben in der warmen Küche, beim Öffnen einer Flasche Wein weiter. Nun, sie hoffe, es sei *leuchtend* – oder *nicht enttäuschend* – auf jeden Fall so *schön* wie das vom Marienmantel in der Kapelle! Für eine Sekunde sind Elenas makellose Zähne zu sehen, ein schattiges Stückchen Gaumen. Elena lacht, anscheinend glücklich und ein wenig verlegen über ihre Aufregung: *Entschuldigen Sie*, und etwas in Richtung, sie wisse, es brauche seine Zeit. Und sie vertraue Margo, sie alle täten das. Und plötzlich so deutlich, dass Margo zusammenzuckt: »Es wird doch schön, nicht?«

Margo schaut aus dem Fenster und nickt. Sie hat Elena schon von ihrem Etappensieg gegen eine scheußliche Ölfarbe wie auch gegen einen halben Quadratmeter des harmloseren Weißschimmels berichtet, für mehr Einzelheiten reicht es heute nicht mehr, nicht für das Wasser in der Nordwand, nicht für den Schwamm, nicht für das Schlimmste. Ein vielarmiges Delta aus Regenwasser rinnt das beschlagene Küchenfenster herab. Der November ist bald am Ende, und das Wetter passt täglich besser zu ihrer Wahrnehmung, es kommt vor, dass sie deren Ursache vergisst.

Die Schultern hochgezogen, den Mantelkragen überm Kinn zusammengehalten, geht sie unter weißen Lampenaugen vorbei an zerzausten Fassaden und undurchdringlichen Schlehenmauern nach Hause und überlegt, ob sie das kleine Einhorn hätte erwähnen sollen, das sie in einem der Stützbalken entdeckt hat, aber diesen zerbrechlichen Trumpf hat sie sich aufsparen wollen.

Hinter dem Fenster einer Bierstube schwanken Schattenrisse, jemand taumelt vor die Tür. In seiner Geräuschlosigkeit hat dieses Taumeln etwas Verletzliches, wie der langsame, schwankende Tanz eines Schlafwandlers. Wankend hebt er den Arm, sie winkt zurück und lässt die Hausschlüssel fallen.

Sie hat Elena nicht einweihen können, noch nicht, aber je weiter sie mit der Säuberung vorankommt, je größer die Fläche wird, die sie bloßlegt, desto unabweisbarer erscheint ihre Ahnung, dass das sagenhafte Blau das Ergebnis einer Renovierung aus jüngerer Zeit ist. Unglücklicherweise hat derjenige, der diese Verschönerung vorgenommen hat – oder vielmehr die Verschandelung, jede Abweichung vom Originalzustand kommt schließlich einer Verschandelung gleich –, unglücklicherweise hat derjenige, wie es aussieht, ganze Arbeit geleistet und die Farb- und Putzschichten aus Carl Georgs Zeit abgekratzt bis auf die nackte Wand.

Oder ihr ist irgendein Fehler unterlaufen. Die ersten Proben mögen verunreinigt gewesen sein, ein Reagenz verdorben. Sie wird im Landesmuseum anfragen, vielleicht kann sie noch einmal ins Labor.

Sie stellt sich das Brodeln vor, mit dem das Wasser im Kessel kocht, das Plätschern, mit dem es die Tasse füllt bis an den Rand. Sie trinkt den Tee in kleinen Schlucken und versucht, nicht an die bevorstehende Ausschusssitzung zu denken, an die ungläubige Enttäuschung in den Gesichtern, die sie jetzt bei den rudimentären Straßenunterhaltungen noch herzlich und hoffnungsfroh anblicken. Sie hofft auf den Fehler, zum ersten Mal hofft sie auf einen Fehler. Sie müsste mit jemandem sprechen, mit Andres, der in Perugia zu glücklich beschäftigt ist, um sich etwas anderem zuzuwenden oder an eine Rückkehr in den Winter zu denken. Als existiere er in Italien in einem anderen Raum-Zeit-Kontinuum, kann sie sich ihn hier im Städtchen auch nicht vorstellen. Doch wenn sie ihn ins Vertrauen zöge, würde er dann nicht begreifen, worin das Problem liegt oder weshalb sie den Ausschuss über ihre Befürchtungen noch im Dunkeln lässt? Selbstverständlich wäre er auf der richtigen Seite. Aber wäre das denn eine andere als die ihre, ist nicht auch sie auf der richtigen Seite, war sie das nicht immer? Was, wenn – nur dieses eine Mal – die Abweichung die schönere Variante wäre?

Etwas scheint davonzutreiben, sich nach und nach zu entfernen, wie der vertraute Lärm der Dinge, als sei ihr irgendetwas entglitten, eine Gewissheit, an der sie nie gezweifelt hat. Im Einschlafen hört sie das Balkenholz der Stiege, die hinauf in die Dachwohnung führt und wie eine Treppe knarzt, die sie von anderswo kennt, vielleicht vom Elternhaus her, nur dass es eine solche Treppe dort nicht gibt und die Erinnerung an ihr Knarzen erfunden ist.

Am Morgen liegt Schnee. Margo schlittert die Hauptstraße hinunter, unsicher wie über junges Eis. Der Himmel hängt so tief, dass sie es knacken hört, als sie an der Kreuzung den Kopf nach links und rechts dreht. Sie spürt die Nachgiebigkeit des verharschten Grunds unter den Sohlen. Neulich hat sie in einem Roman aus der Bücherei gelesen, Schritte über eine Schneedecke klängen, als knirschte jemand mit den Zähnen. Der Vergleich ist ihr komisch vorgekommen, aber vielleicht stimmt er sogar.

Der Hausmeister steht am Herd, seine Frau arbeitet auswärts. Es gibt frische Leberwurst und Kartoffelbrei, die Wohnung riecht nach Fett und Muskatnuss. Margo wählt Andres' italienische Rufnummer und hält dem Hausmeister ihr Telefon ans Ohr. Er lauscht und sieht sie schräg an. *Verdammter Mast*, schreibt er auf seinen Block.

Nein, sie will es nicht noch einmal versuchen. Es ist nicht der Funkmast. Andres ist nicht erreichbar.

Die gewölbten Innenseiten der vier Fenster des Blauen Salons sind blind von Eisblumen, doch entweder ist es in den vergangenen Tagen unter dem Schneehimmel wärmer geworden, oder sie hat sich an die Raumtemperatur gewöhnt, die trotz der beiden Heizlüfter die Fünfzehngradmarke nicht übersteigt.

Im Licht des Scheinwerfers kratzt Margo weitere Farb- und Mörtelkrümel aus den drei größten blauen Kontinenten der Südwand. Manche Stellen sind ein bisschen dunkler, stumpfer, da sieht es fast nach Berliner Blau aus. Das hätte man schon um 1700 hier verwendet haben können. Auch wenn der selige Carl Georg da schon mehr als hundert Jahre tot war, wäre Berliner Blau keine so schlechte Nachricht. Was spräche eigentlich dagegen, sich für eine spätere Version des Zimmers zu entscheiden, zumal wohl niemand mehr erfahren wird, wie es ursprünglich ausgesehen hat? Treue, selbstverständlich. Die Treue gegenüber der Geschichte. Aber ist das andere nicht genauso echt, der namenlose Bewohner, der die Stube in einen Blauen Salon verwandelt hat, nicht ebenso Teil der Geschichte wie Carl Georg? Wie lange muss einer tot sein, bevor er zur Geschichte gehört? Nun, aber darum geht es nicht, oder? Worum es geht, ist – sie lächelt über das Wort, gar nicht spöttisch, bloß müde – *Bedeutung.* Carl Georg hat die Kupfermine gegründet, er ist sozusagen der Stammvater der Stadt, und überhaupt: Je länger etwas zurückliegt, desto mehr bedeutet es. Trotzdem, sie und Elena könnten den Ausschuss überzeugen, mit dem Berliner Blau könnten sie es schaffen. Das Einhorn im Balken hätte es verdient.

Zuhause erwartet sie ein Brief aus dem Ministerium. Wie Margo sich freuen werde zu erfahren, habe man sich entschlossen, die Ausschusssitzung am kommenden Montag mit einer Begehung zu verbinden. Der Beauftragte des Ministeriums wiederum freue sich darauf, sich vor Ort ein Bild von dem außergewöhnlichen Projekt zu machen. Es klingt, als sei es so gut wie entschieden.

Elena hat offenbar dasselbe Schreiben erhalten und grüßt *von Herzen* und mit *Umarmung*. Ob Margo am morgigen Donnerstag Zeit für ein Mittagessen habe. Sie will Elena schon an den Labortermin erinnern, dann fällt ihr ein, dass sie der anderen nichts davon gesagt hat.

Noch keine Nachricht von Andres.

Weil der Bahnhof seit ungefähr 1950 eine Attrappe ist, fährt Vera, die Frau des Hausmeisters, Margo die sechzig Kilometer in die Landeshauptstadt. Vera berät Arbeitslose und hält an jedem Wochentag in einer anderen Ortschaft Sprechstunde ab. Im Sommer hat auch die Seilerei im Nachbarort den Betrieb eingestellt, und Vera macht andauernd Überstunden. Für diesen Donnerstag hat sie sich frei genommen. Sie redet die ganze Fahrt über, ihr schmallippiges Gesicht zeigt hektische rote Flecken, während sie die Liste der alltäglichen Kalamitäten herunterhaspelt, doch ihr Zorn ist unpersönlich und, so eingefleischt er ist, ohne Tiefe. Der Wagen saust über die verschneite Fahrbahn in die engen Kurven und schert aus, sooft Vera einem entgegenkommenden Fahrzeug ausweichen muss.

Margo sieht sich im Labor, einem fensterlosen Kellerraum des Landesmuseums, mit den Geräten und Ampullen hantierend, darauf wartend, dass der Chromatometer die Daten ausspeit, die sie in ihre Tabellen zu übertragen hat: Gelbes Blutlaugensalz oder nicht. Berliner Blau oder nicht.

Sie lässt sich vor einem Seiteneingang des Museums absetzen und bleibt, die Arme frierend vor die Brust gepresst, stehen, bis Veras Polo in die nächste Querstraße abgebogen ist. Blicklos stakst sie durch den dichten, lautlos vorbeitreibenden Verkehr über die Straße, sie braucht eine Pause, irgendetwas Warmes. In einer Konditorei setzt sie sich an einen Fenstertisch und bestellt ein Kännchen Kakao.

Sie weiß es doch. Ihr flämischer Himmel und Elenas Marienmantelblau – das kann entweder Azurit sein, mit Marmormehl vermengt, wie man es zu Carl Georgs Zeiten zu kräftigem Bergblau anmischte. Oder eine Verbindung aus Kaolin, Kolophonium und Schwefel, mit etwas Waschsoda versetzt. In beiden Fällen entsteht der Eindruck von Schönheit. Doch nur eine wäre als die eigentliche anzusehen und hätte ein Daseinsrecht. Die andere Schönheit besteht aus synthetischem Ultramarin, vielleicht aus einem Jahr um 1900, vielleicht noch etwas jüngeren Datums, abgetönt von Tapetenkleister, Witterung und Pilzbefall. Es ist eine Schönheit aus Irrtum. Deckt man den auf, ist nichts mehr darunter außer bröckelndem Mörtel und einer Resignation, für die immer alles zu spät kommt.

Margo schluckt, schmeckt den kalten Kalkgeschmack des Hauses auf der Zunge. Weshalb darf man sich nicht für den Irrtum entscheiden? Als die Serviererin an den Tisch tritt, erschrickt sie, dabei ist noch nichts geschehen, nichts, woran sie Schuld trüge. Einen Augenblick lang ist ihr, als wäre ihr Hörvermögen mit einem Schlag zurückgekehrt, aber es ist nur ihr Puls, der in den Schläfen tickt.

»Und?«, schreit Vera, als Margo an der Ampel vor dem Museum zusteigt. »Alles in Ordnung?«

»Ja«, sagt Margo.

Der Polo schleppt sich durch den Nachmittagsstau, es dauert eine halbe Stunde, bis sie aus der Stadt sind. Die Wärme im Wagen und die gleichmäßige Vibration des Motors machen Margo schläfrig. An den verschneiten Hängen sind die Linien der Reben kaum noch zu erkennen.

Am Samstag fallen dreißig Zentimeter Schnee, am zweiten Advent noch einmal zwanzig. Margo steht am Fenster und sieht auf die falschen Holzdächer und bunten Lichterketten, der Marktplatzbrunnen ist umringt von Würstchen- und Glühweinbuden. Sie stellt sich die leise Musik der wirbelnden Flocken vor – wie von Wassergläsern, an die sacht ein Löffel schlägt –, klappt den Laptop zu und schlingt sich ihren Schal doppelt um den Hals.

Um sechs tritt der Hausmeister als Nikolaus auf, sie hat versprochen, sich die Bescherung anzusehen. Unten schließt sie die Finger um die heiße Porzellantasse, die ihr jemand in die Hand gedrückt hat, Nelkenduft sticht ihr in die Nase, sie schwankt leicht in der Dünung der Menge, nippt an der Tasse und merkt, dass ihr warm wird. Ab und zu wirft sie einen Blick auf die roten Leuchtziffern über dem Eingang des Rathauses. Eine Fassade aus dem späten 18. Jahrhundert und eine Digitaluhr – das stört hier keinen Menschen. Die Minutenziffer verliert einen Balken, 17:59, jetzt ist es zwei Stunden her, seit sie Andres erreicht hat.

Karl, der Hausmeister, erscheint auf der Schwelle des Rathauses, ein Glöckchen in der erhobenen Faust, Kinder drängeln, Mütter und Großmütter im Schlepptau, es dampft aus hundert Mündern, *Ah* und *Oh*, ein Choral aus kindlichem Entzücken. Ein kleiner Junge kriecht auf allen Vieren zwischen Erwachsenenbeinen hindurch, klammert sich an Margos Wade, aus seiner Nase tropft es, aber das macht nichts, gleich ist es vergessen, sie hebt ihn hoch, hält ihn fest auf dem Arm, auch aus ihrem Mund dampft es, *ja,* sagt sie, lacht sie, *ja.*

Sie ist glücklich nach dem Gespräch mit Andres. Es war kurz, doch die Verbindung hat bestimmt lange genug gehalten, um das Wichtigste zu sagen. Durch das Rauschen – ob einer Störung oder ihrer Stare wegen – hat sie beinahe mühelos Andres Stimme gehört, die schöne, ruhige Stimme, mit der er ihr immer gesagt hat, dass er sie liebt.

Karl teilt die Menge wie Moses das Rote Meer und hängt Margo ein monströses Lebkuchenherz um den Hals: *Morgen!*, ruft er, denn er hat jetzt keinen Zettel dabei. Sie brauchen auch keinen. Er will sie im Überschwang an sich drücken, aber sie lassen lachend davon ab, das Lebkuchenherz könnte entzweigehen.

Der Montagshimmel ist sonnig wie seit Oktober nicht, die Gäste werfen Schatten auf den sauber gefegten Boden des Blauen Salons. Margo sieht in die Runde, Elena nickt: Der Mann aus dem Ministerium, die Leute vom Ausschuss, der Vorstand des Fördervereins, der Ortsbürgermeister, alle sind da. Elena tritt vor, wartet, bis das Gemurmel erstirbt, sagt ein paar Worte und winkt dann Margo zu sich.

In diesem Licht sind die Wände reines Azur, tief und lebendig wie ein südliches Meer, wie hat sie diese Farbe je für Berliner Blau halten können? – Ein Irrtum, aber jetzt nicht mehr von Bedeutung.

Sie schließt für eine Sekunde die Augen, weil ein Sonnenstrahl sie trifft, und öffnet den Mund: »Willkommen im Blauen Salon ...«

Sie spricht mit leiser Stimme, aber niemand verlangt, sie solle lauter sprechen. Nur einmal – sie deutet gerade auf den mittleren Stützbalken, erläutert das kleine Einhorn zwischen den Streben – streift sie flüchtig eine Überraschung, darüber, wie gut sie zu verstehen ist.

Vorm Haus hält ein Wagen, eine Autotür klappt, ein Nachzügler stampft sich den Schnee von den Schuhen, bevor er vorsichtig, um sie nicht zu stören, den Salon betritt, aber es ist schon fast vorbei. Sie schweigt, neigt zum Zeichen, dass sie fertig ist, den Kopf, und nun hört sie es: Die Stare sind fort. Es ist völlig still.

Dann fängt Elena an zu klatschen.

Patricia Görg
Kliff

Die Erinnerung an einen Schwarm Vögel – Erinnerung daran, wie er im Himmel über mir eine Tasche bildet, deren Inneres sich plötzlich nach außen kehrt …

Das Meer schlägt gegen die Küste aus Granit. Unbewegt stößt es immergleiches Wasser, von Wellen durchlaufen, wieder und wieder vorwärts und nimmt es zurück. Gestein, Wolken und Gischt. Über den nicht nachlassenden Schlägen bläst der atlantische Wind; alles, was er findet, drückt er zu Boden. Er weht eine ganze Landschaft nieder. Gebückte, verkrüppelt lebende Kiefern winken landeinwärts um Hilfe, aber von dort kommen nur Menschen, die zum Rand der Küste wollen, um sich zu vergewissern, daß die Brandung noch gegen den Fels schlägt. Auf der Klippe schauen sie eine Weile unbewegt hinab in den Schaum und kehren dann um.

Eine Frau blickt ihnen aus dem Fenster eines alleinstehenden Hauses nach. Ihre Arme sind vor der Brust verschränkt. Sie trägt ein Kittelkleid. Hinter ihrem Rücken pendelt im Uhrkasten die Zeit.

Marie Plogoff wartet darauf, daß die Sonne untergeht und einen gleißenden Pfad aufs Meer legt – eine Brücke zwischen dem Festland und der Insel, die dem Festland als kurzer, steiniger Strich vorgelagert ist. Dort lebt niemand; nur die Knochen von Toten zerfallen, vor Jahrhunderten übergesetzt und auf der Insel begraben, damit sie im Zerfallen der sinkenden Sonne näher sind.

Rund um Marie hat sich Heide ausgebreitet. Sie bildet ein starres Polster, an manchen Tagen überkrustet von Salz. Das Land heißt Ende der Welt, aber da Marie kein anderes kennt, hält sie es für die Welt: granitgrau aus dem Ozean emporgetaucht, mit Heidekraut und Flechten bedeckt.

Ihre Arme sind vor der Brust verschränkt. Zwei unbewußt geballte Fäuste liegen an den Nähten des Kittelkleids, so fest zusammengepreßt, als wollte jede von ihnen in ihrem Versteck den Vogelhals des Schicksals würgen. Wolken ziehen vorbei, flüchtig und stumm. Der Nachmittag spiegelt sich auf der Fensterscheibe: Auslaufend in einer zähen Dünung, fließt das Glas, über das die Wolken schwanken, auf den unteren Rahmen zu. Durch den oberen, dünner gewordenen Teil der Scheibe blickt Marie ins Freie.

50 Jahre lang war ihr Haus ein Hotel. Ein Hotel am Ende der Welt, mit ein paar Gästezimmern und einem Telefon. Mit einer Palmlilie, die jedesmal, wenn Gäste kamen, zu blühen begann, die den Gästen Blüten auf die Frühstückstische warf, auf die rot schimmernden Marmeladenbrote und in die Kaffeetassen; mit Läden, die während der Winterstürme so laut klapperten, daß Marie sie schloß; mit einer Standuhr, die das ganze Jahr über im Halbschlaf zuckend die Stunden punktierte.

Marie rührt sich nicht. Sie hört das Meer an die Küste schlagen. Unbehelligt in einer Zimmerecke ist ihre Sammlung angewachsen: Küssende Paare aus Porzellan füllen die Regale eines Vitrinenschranks. Pas de deux, Häubchen, Putti; Liebesgrüße, unter Glasur gebannt. Dieses Strandgut, mitgebracht von Gästen, die oft wiederkehrten und darum bald Maries Schwächen kannten, streckt im Haus auf dem Granit vergeblich seine rosa und milchigen Tentakel aus der Zimmerecke aus. Marie ist außer Reichweite für den Trost des. Porzellans. Sie zieht Bilanz. Bis vor kurzem lebte sie vom Beherbergen; jetzt wartet sie auf den Sonnenuntergang, und während ihre Augen dem Abwärtsbogen folgen, den die Sonne beschreibt, scheint zwischen ihren, in grauen Wellen liegenden Haaren an einigen Stellen schon die Kopfhaut durch.

Draußen sammeln sich Kormorane. Sie fliegen zu der Insel vor der Küste, gehen einer nach dem anderen nieder, stehen dort regungslos, im Gegenlicht nicht mehr zu unterscheiden von den Felsen.

Marie preßt ihre Fäuste noch fester zusammen. Die Linien in ihren Handtellern durchkreuzen sich jetzt alle gegenseitig: Kopflinie, Herzlinie und Lebenslinie, verkürzt und gekrümmt, eine erdrückende Prophezeiung.

Das Haus wird einstürzen. Es wird in sich zusammenfallen, knirschend, wird eine Mauer nach der anderen preisgeben, seinem eigenen Ende beiwohnend, das sich durch keine Hinfälligkeit angekündigt hat, abgebrochen von einem Bagger, der über die Heide kommt.

Die Standuhr schlägt. Hinter Marie windet ihr Porzellan sich in ewigen Küssen. Sie ist 77 Jahre alt und weiß nicht, wie sie weiterleben soll, ohne Gästen rot schimmernde Marmelade vorzusetzen. Morgens war sie immer aufgestanden, bevor die schlafenden Gäste aufgewacht waren, und hatte für einen Moment aufs Meer hinausgesehen, das ihr um diese Zeit die hungrigen Schreie von Seevögeln zuwarf – ohne Flügelschlag an ihr vorbeistiebend wie Gischt. Dann hatte sie sich das Kittelkleid angezogen, die über Nacht herabgekommenen Gewichte der Uhr aufgezogen und begonnen, die Frühstückstische einzudecken, bedrängt von der Palmlilie, die eine Blüte nach der anderen öffnete und dadurch das Zimmer mit jähen Zärtlichkeiten füllte. Manchmal hatte Marie einige der aufdringlichsten Blüten abgeknipst, aber dies hatte die Pflanze zu noch größeren Anstrengungen angespornt, so daß Marie sich schließlich darauf beschränkte, sie verachtungsvoll im Vorbeigehen zu streifen und wenig zu gießen. Im Winter, wenn sie wieder miteinander allein wären, wenn die klappernden Läden ans Haus schlügen, würde die Palmlilie durch nichts zum Blühen zu bringen sein. Sie würde sich einigeln und Marie schneiden, zurückgezogen in den Teil ihres Wurzelstocks, in dem der Winter vorübergeht als kurze Pause im Stoffwechsel – ein Schatten.

Während Marie die Frühstückstische deckte, war sie sicher, gebraucht zu werden. Sie strich nicht vorhandene Falten auf Tischtüchern glatt, rückte Stühle und verteilte Geschirr, bis Teller und Tassen das Sternbild der Beständigkeit ergaben, das auch im stärker werdenden Morgenlicht nicht verblaßte. Dann schenkte sie Kaffee ein. Der aufsteigende Dampf wanderte durch Ritzen in der Zimmerdecke. Er lockte die Gäste herbei: Männer, die immer wieder ans Ende der Welt kamen, um forschend aufs Meer zu schauen. Marie würde sehen, wie sie das Haus verließen, über Klippen kletterten, verschwänden und abends wiederkämen. Sie schätzten Maries Hotel. Sie schätzten seine wenigen Zimmer und das schweigsame Telefon, die sanft verrückte Palme, die nachgehende Standuhr, die Wirtin, die keine Fragen stellte. Kein anderes Haus war so nah an der Abbruchkante des Festlands, so nahe dem Schaum, der sich in den Fels verbeißt, vorgeschoben wie ein Leuchtturm.

Und Marie, die nachts nicht träumte, lebte in den Gezeiten des Meeres und ihrer Gäste, in zufriedenem Schlaf, über dem periodisch das Gesicht des Mondes schwebte.

Sie schluckt. Langsam sinkt der Nachmittag herab. Draußen färbt er die Pfützen rosa, die der letzte Regen auf dem Weg vor ihrem Haus übriggelassen hat. Im Zimmer hat die Dämmerung schon begonnen. Küsse und Putti, unter Glasur gebannt, schwinden aus dem Blickfeld. Möbel verbünden sich zu einem Klumpen Nachlaß. Die Wände rücken auf Marie zu, machen den heillosen Versuch, sie zu umarmen. Sie fürchtet, bald keine Luft mehr zu bekommen, obwohl hier, wo sie im Schutz ihrer Tapeten steht, bald nur noch Wind sein wird, zerfahren vom Meer aus hochlangend auf den Granit, als würde er nach etwas suchen, das ihm an dieser Stelle entfallen ist.

Maries Gäste blieben ihr fremd. Sie konnte sich nicht vorstellen, was sie taten. Manchmal erzählten sie Geschichten, die unter der Meeresoberfläche spielten, aber für Marie gab es dort vor allem große silberne Heringsschwärme, die für sie noch immer das Rückgrat des Ozeans bildeten. Sie dachte an die Fischerboote, die früher als lebendige Kette vor der Küste getanzt und das Silber abgeschöpft hatten, während sie jetzt fast alle verschwunden waren. Sie dachte an ihren Mann, der seine Netze ausgeworfen hatte, sie schwer vom Fang an Land gebracht und dann geflickt hatte, um aufs neue hinauszufahren, Tag um Tag, bis es für ihn nichts mehr zu tun gab. Daß das Meer leer sei, daß seine letzten Bewohner sich in Abgründe zurückgezogen hätten, wo sie für Fischernetze unerreichbar wären, glaubte sie ihren Gästen nicht. Das Meer war zu groß, um leer zu sein. Sie konnte es jeden Morgen sehen. Und ihre Gäste, die über Klippen kletterten, um ans Wasser zu kommen und dann in ihre Vorstellungen einzutauchen, verstanden nach Maries Ansicht von der Gegend, in der sie lebte, weniger als das, was auf eine Postkarte paßt.

Wenn die Männer tatsächlich einmal Postkarten verschikken wollten, wählten sie die, auf denen das Meer gegen die Küste schlägt und dabei zu Schaum gerinnt. Sie schrieben, daß hier alles in der Gewalt eines großen dröhnenden Schweigens sei, aufs Wesentliche zurechtgeschliffen vom Wind; mit Monolithen, denen ihre Wirtin ähnelte, ohne es zu wissen. Marie las die Postkarten und warf sie nie, wie versprochen, in den Briefkasten, sondern in den Müll. Die Karten rutschten mit rot schimmernden Marmeladenresten beschmiert zwischen abgefallene, faulende Blüten und begannen bald, sich zu wellen. Ihre Schrift verfloß. Die Männer, die auf keine Antwort warteten, merkten nicht, welchen Weg ihre Sätze genommen hatten. Sie lasen aber einen ungewohnten Ausdruck in Maries Augen, als sie anfingen, ihr die Steine ihrer Heimat erklären zu wollen.

Marie kannte ihre Heimat. Tag für Tag ging sie auf den Kirchhof im nächsten Ort, hielt dort Zwiesprache mit einem toten Fischer und einem verlorenen Kind und wusch das Salz von ihrer beider Grabplatten aus Granit.

Die Männer redeten über die seit Jahrtausenden aufgerichteten, landeinwärts verstreuten Kultsteine; darüber, wie sie verschlossen inmitten dieser Gegend stünden, umgeben von festgetrampelter Erde und von Ackerfurchen, die einen Bogen um sie machten – und daß man eines Tages begonnen habe, auf die Spitzen einiger von ihnen Kreuze zu setzen und eine Figur aus ihnen herauszuholen: daß man so lange auf sie eingeschlagen habe, bis sie einen leidend aufgebäumten Körper zeigten. Schließlich sei dann rund um das Kreuz, das nun freigehauen in der Luft schwebte, ein Gewimmel von erstaunten Augen und erhobenen Händen entstanden, und alles habe sich verkettet zu einer Geschichte, die erst nach

Epochen wieder ihre Umrisse verlor – als Hände abgebrochen waren und Augenhöhlen leergeregnet, und als der Stein, aus dem man sie modelliert hatte, wieder bildlos, verschlossen und schwer war.

Marie steht am Fenster. In ihrem Zimmer ist nichts zu hören außer der vorwärts pendelnden Zeit. Die Sonne ist jetzt so tief gesunken, daß sie bald das Wasser berührt, und hier im Zimmer wandert einer ihrer Strahlen über ein Bild, auf dem ein Boot im Küstengewässer schaukelt. Der Strahl fährt über das Wasser und das Boot und fügt ihnen einen Hauch Farbe hinzu, gerade so viel, um sie zum Leben zu erwecken. Marie sieht ihren Mann auf dem Pfad, den die Sonne abends auf das Wasser legt. Sie sieht ihn kleiner werden. Er verschwindet im Gegenlicht. Marie bleibt zurück, Marmelade einkochend und morgens die Gewichte der Uhr aufziehend.

Sie rührt ihre eingeschlafenen Beine. Sie will noch einmal vor die Tür. Als sie im Vorübergehen die Palmlilie streift, stechen deren Blätter auf sie ein und versuchen, sich ihr in den Weg zu stellen. Mit einem leisen Fluch schiebt Marie sie beiseite. Das Knarren ihrer Haustür, die schon lange klemmt, wird übertönt von den trägen Rufen der Standuhr.

Draußen nichts als gelbes Licht. Kein Wind, keine Brecher, kein Schaum. Wenn die Pupillen sich daran gewöhnt haben, weicht das Licht hinter die schwarz gewordenen Zacken des Küstengranits und die Insel, die vor der Küste liegt. Das Meer dazwischen hat einen unentschlossenen, wartenden Ton. Bleiern schwappt es vor und zurück. Kormorane kreisen über Marie, drehen dann ab und fliegen langsam hinaus zur schwarzen Insel. Marie geht ein paar Schritte auf die Felssteilkante zu. Die Heide zerkratzt ihr die Knöchel. Am Rand des Kliffs wächst zähes, über den Abgrund nickendes Gras.

Das Meer ist leer bis zum Horizont, aber es ist zu groß, um wirklich leer zu sein, sagt sich Marie. Sie atmet heftig ein.

Gäste, die zum ersten Mal in ihr Hotel kamen, fragten sie belustigt, warum sie an den Treppenstufen zu ihrem Haus einen alten Bootsanker befestigt habe. Um es an seinem Platz zu halten, sagte Marie. Die Gäste, die sich fortan Jahr für Jahr davon überzeugten, daß es an seinem Platz geblieben war, fragten kein weiteres Mal.

Sie sieht sich um. Heide. Gras. Die mitgenommenen, gebückt lebenden Zwergkiefern winken erstarrt um Hilfe. Ihr Haus, das es schon fast nicht mehr gibt, ragt vor ihr auf wie ein zum Einschlag markierter Baum, der die Zweige in seinen letzten Abend streckt. Von außen merkt man ihm nicht an, daß alle Zimmer bis auf eines ausgeräumt sind. Das Haus steht fest auf dem Granit. Marie fragt sich, in welche Seite die Schaufel des Abrißbaggers zuerst hineinfahren wird. Sie malt sich aus, wie die Fenster zersplittern, wie das Dach nachgibt und plötzlich ihre Tapeten vor den Augen derer freiliegen, die zur Küste gekommen sind, weil sie einen Blick auf das schäumende Meer werfen wollten, dann aber lieber den Bagger beobachten, während er wieder und wieder gegen ihr Haus schlägt. Sie wird nichts mehr haben außer ihrem Kittelkleid, um es zwischen dem näherkommenden Bagger und ihrem Haus hin- und herzuschwenken. Die Zuschauer werden das Kleid aufflattern sehen und hinterher nicht wissen, was sie eigentlich gesehen haben: Einen Vogel? Ein Bettlaken, zum Zeichen, daß sich einer ergibt?

Langsam geht sie zurück.

Hier, sagten die Gäste einmal zu ihr, vergehen die Stunden besonders gut, weil sich inmitten der Stunden, windgenährt, immer andere, mögliche Stunden erheben.

Marie hat den Moment versäumt, in dem das Meer zwischen der Küste und der Insel einen spiegelnden Weg anbietet. Die rasch vergilbte Sonne ist fort und hat sie in der Dämmerung zurückgelassen. Sie öffnet ihre knarrende Haustür. Schon bevor sie die Lampe anmacht, weiß sie, daß sich ihr aus dem Dunkel milchweiße Arme aus Porzellan entgegenstrecken. Sie schließt die Läden, als ob es Winter wäre.

Nachdem in der Zeitung gestanden hatte, was mit Maries Hotel geschehen würde, räusperte sich ihr Telefon und hustete ein paar Anrufe aus. Die Stammgäste baten letztmals um Unterkunft: Sie konnten nicht glauben, was sie gelesen hatten. Reporter, denen die Geschichte gefiel, drängten Marie, sie mit verschränkten Armen und zu Fäusten geballten Händen vor dem Haus fotografieren zu dürfen. Marie sagte nicht viel dazu. Sie stellte sich in den Wind, ließ ihre Dauerwelle von ihm durchwühlen und blickte mit zusammengekniffenen Augen in die Kameras. Sie begriff noch immer nicht, warum die rot schimmernde Marmelade versiegen mußte, an deren Ufern sie Betten bezogen und Zimmer reserviert hatte.

Vielleicht hätte sie sich wehren sollen, als der Bürgermeister zu ihr gekommen war und ihr, während er seinen Krawattenknoten mehrmals hintereinander nachzog, erklärt hatte, daß beschlossen sei, die Küste wieder in einen unschuldigen Zustand zu versetzen. Küstenschutz, sagte er. Die Küstenschutzbehörde! Es sei beschlossen, das Land wieder sich selbst zu überlassen, ohne Fußabtreter, ohne Fensterläden. Wild! hatte er gerufen, solle die Heide werden – so, wie sie es vor Erscheinen des ersten Menschen gewesen war. Nichts als Wind und Flechten auf Granit. Leider würde Maries Hotel die Pläne kreuzen. Dann waren dem Bürgermeister die Worte ausgegangen. Vor Anstrengung, sie wiederzufinden, hatte er sich beinahe aufgelöst und dabei gespürt, daß ihm ein Kleidungsstück nach dem anderen vom Leib rutschte und auf einen traurigen Haufen rings um seine Füße fiel. Er hatte geschwiegen. Sein Adamsapfel war in der Stille auf- und abgeruckt wie ein aus dem Nest gestoßenes Küken. Das Meer atmete. Marie hatte den Bürgermeister vor ihrem Haus stehenlassen und war durch die Heide bis zum über den Rand des Abgrunds nickenden Gras gegangen. Sie sah die Kormorane, draußen, auf der Toteninsel, als Schattenriß. Sie hatte sich nicht gewehrt. Ihr herumirrender Zorn, auf der Suche nach einem Ziel, hatte sich in ihr selbst verloren.

Eine Stehlampe brennt. Marie sitzt in einem Sessel, auf den Knien eine Tasche, welche die raschelnden Einzelheiten ihres Lebens enthält, und sieht sie durch. Das Leben paßt auf eine Tischfläche. Zwischen brüchigen Papieren kommt das Andenken zum Vorschein, das aus den abgeschnittenen Haaren ihrer jung gestorbenen Tochter zusammengeklebt ist: Auf schwarzem Karton wächst eine blonde Palmlilie ins Leere auf. »Ruhe sanft in Deinem Sterbekleide, unter Blüten schlafe Deinen Schlaf, / glücklich, daß von allen Erdenleiden / nur das letzte, nur der Tod Dich traf!« Marie möchte noch einmal über die Haare streichen, aber sie sind unter Glas. Dann ist da das Foto ihres Mannes, der in seinem guten Anzug dem Fotografen zulächelt – mit schüchtern gezogenem Hut, verewigt im Augenblick. Schließlich findet sie ihre eigene Handschrift, die in einem Schulheft Sätze aufgeschrieben hat. Es regnet, als würde ein Sack Murmeln ausgeschüttet, liest sie. Dort oben ist es kalt, und die Sterne laufen Schlittschuh, liest sie. Marie klappt das Schulheft wieder zu. Sie sitzt ganz still.

Die Stammgäste sahen während ihres letzten Aufenthalts

unverwandt aus den Fenstern ihrer Zimmer. Sie stützten sich aufs Fensterbrett, lehnten ihre Köpfe an die gewellten Scheiben und betrachteten das Meer, um dessentwillen sie immer gekommen waren, wie ein Foto, dessen Farben nicht ganz stimmen. Es kam ihnen so vor, als sähen sie einen schlecht gelungenen Abzug, als müßten sie schon jetzt die Wirklichkeit aus der Erinnerung ergänzen. Lange konnten sie den bewegenden Gleichmut nicht wiederfinden, der sich sonst vor ihnen ausgebreitet hatte, geformt aus Wolken und Gischt. Jetzt war das Meer so stumpf wie Maries Haar. Die Gäste versuchten, sie zu trösten. Was ist ein Haus? fragten sie. Vom Grabstein aus nur eine Kulisse! Marie trug Teller hinaus, ohne darauf zu antworten. Die Gäste strichen nicht vorhandene Falten auf den Tischtüchern glatt.

Der Granit schläft. Im Hotel am Ende der Welt stehen noch ein Tisch und ein Bett. Das Telefon klingelt. Über Marie, die auf einem Planeten Übernachtungen berechnet hat, laufen die Sterne Schlittschuh.

Bei ihrer Abreise hatten sich die letzten Gäste, den Koffer in der Hand, mehrmals umgedreht und zurückgeblickt. Sie wollten zum Abschied winken, aber sie sahen nur den Schatten schnell vorbeifliegender Vögel auf der spiegelnden Fensterscheibe. Marie hatte sich ins Innere des Zimmers zurückgezogen. Sie saß in demselben Sessel, in dem die Männer von der Küstenschutzbehörde, die mit einem Abrißbagger kommen, sie finden werden – die raschelnden Finger im Schoß und um den Hals eine Kette aus leergegessenen Marmeladengläsern, in denen brüchige Dinge eingeschlossen liegen: blondes Haar, ein Lächeln, eine Seite aus einem alten Schulheft. Wenn die Männer Marie berühren, wird es draußen zu regnen anfangen, als würde ein Sack Murmeln ausgeschüttet.

Marie Luise Kaschnitz
Beschreibung eines Dorfes

An meinem einundzwanzigsten und wahrscheinlich letzten Arbeitstag werde ich mich besinnen, warum ich das alles angefangen habe, diese Schilderung eines Dorfes, doch nur um Ruhe zu finden, um entlassen zu werden aus der furchtbaren Beschleunigung, aber man wird nicht entlassen, auch hier nicht, gerade hier nicht, Veränderung über Veränderung

das Rad der Jahreszeiten ein weitflügeliges Rad dreht sich, ich selbst drehe es schneller und schneller, bis es eine Scheibe wird, eine klirrende Sonnenscheibe

so daß, wenn ich wiederkehre im Mai und wir gehen und suchen im noch dürren Wald den Seidelbast und die Weidenruten sind rot

wenn ich wiederkehre im Juni und schiebe mit dem Rechen das Gartenheu zu Haufen zusammen und der Herr Matern sitzt am Abend am Waldrand am Heiden auf dem Hochsitz und bringt das Gewehr in Anschlag und schießt und stirbt mit dem Bock

wenn ich wiederkehre im September, Anfang September, Zeit der Sonnenblumen und der Begräbnisse, der ersten Altweiberfäden und der ersten Apfelernte, sorgfältig gepflückt

wenn ich wiederkehre in der Zeit der heilig-unheiligen Nächte, der Stürme, des Nebels und Rauhreifs, des steigenden Lichts

wenn ich das Rad drehe und sehe, wie die Häuser des Dorfes sich auftun und die Kinder wankend unter der Last ihrer Schultüten sich ins Schulhaus begeben, ein neuer Jahrgang gehorsam

und drehe und sehe wie die Häuser des Dorfes sich auftun und die Sterbenden sich auf den Weg machen und legen sich in die vorbereiteten Gräber gehorsam

wie sie die neue Straße am Waldrand entlang schon gebaut haben, schon lange

und die geplante neue Kinderschule und die geplanten Siedlungen

wie sie mit Hubschraubern aufs Feld fliegen und die Ernten einbringen bei Flutlicht

wie die Äxte im Wald und die letzten Schmetterlinge nur noch von den urältesten Leuten erinnert werden

wie der Himmel nachts hell ist von kreisrunden Raumschiffen, eine furchtbare Helligkeit

wie, was aber nicht geschehen wird, nicht geschehen wird, nicht geschehen wird

nach einer möglichen Katastrophe nahezu alles Leben erlischt und über der Einöde des Tales die Wälder wieder zusammenwachsen, neue Urwälder mitten im Tal

wie im Bett der Straße, die einmal der Burggraben des alten Wasserschlosses war, wieder Wasser fließt, ein Strom, der einen See bildet, einen See, der aufsteigt bis zu den Höhlen der nacheiszeitlichen Jäger, den Löchern, in denen sich die Bewohner des Tales vor den Schweden versteckten

wie von Schlamm und Wasser alles bedeckt ist, die hölzernen Jünger ertrunken und in St. Ulrich der runde Taufstein mit den zwölf Aposteln und dem Christus in der Mandel von fremden Fischen umspielt.

Hermann Hesse
Wanderungen

Über die tapfere kleine Straße weht der Wind. Baum und Strauch sind zurückgeblieben, Stein und Moos wächst hier allein. Niemand hat hier etwas zu suchen, niemand hat hier Besitz, der Bauer hat nicht Heu noch Holz hier oben. Aber die Ferne zieht, die Sehnsucht brennt, und sie hat über Fels und Sumpf und Schnee hinweg diese gute kleine Straße geschaffen, die zu anderen Tälern, anderen Häusern, zu anderen Sprachen und Menschen führt.

Auf der Paßhöhe mache ich Halt. Nach beiden Seiten fällt die Straße hinab, nach beiden Seiten rinnt Wasser, und was hier oben nah und Hand in Hand beisammen steht, findet seinen Weg nach zwei Welten hin. Die kleine Lache, die mein Schuh da streift, rinnt nach dem Norden ab, ihr Wasser kommt in ferne kalte Meere. Der kleine Schneerest dicht daneben aber tropft nach Süden ab, sein Wasser fällt nach ligurischen oder adriatischen Küsten hin ins Meer, dessen Grenze Afrika ist. Aber alle Wasser der Welt finden sich wieder, und Eismeer und Nil vermischen sich im feuchten Wolkenflug. Das alte schöne Gleichnis heiligt mir die Stunde. Auch uns Wanderer führt jeder Weg nach Hause.

Noch hat mein Blick die Wahl, noch gehört ihm Nord und Süd. Nach fünfzig Schritten wird nur noch der Süden mir offen stehen. Wie atmet er geheimnisvoll aus bläulichen Tälern herauf! Wie schlägt mein Herz ihm entgegen! Ahnung von Seen und Gärten, Duft von Wein und Mandel weht herauf, alte heilige Sage von Sehnsucht und Romfahrt.

Aus der Jugend klingt mir Erinnerung her wie Glockenruf aus fernen Tälern: Reiserausch meiner ersten Südenfahrt, trunkenes Einatmen der üppigen Gartenluft an den blauen Seen, abendliches Hinüberlauschen über erblassende Schneeberge in die ferne Heimat! Erstes Gebet vor heiligen Säulen des Altertums! Erster traumhafter Anblick des schäumenden Meeres hinter braunen Felsen!

Der Rausch ist nicht mehr da, und nicht mehr das Verlangen, allen meinen Lieben die schöne Ferne und mein Glück zu zeigen. Es ist nicht mehr Frühling in meinem Herzen. Es ist Sommer. Anders klingt der Gruß der Fremde zu mir herauf. Sein Widerhall in meiner Brust ist stiller. Ich werfe keinen Hut in die Luft. Ich singe kein Lied. Aber ich lächle, nicht nur mit dem Munde. Ich lächle mit der Seele, mit den Augen, mit der ganzen Haut, und ich biete dem heraufduftenden Lande andere Sinne entgegen als einstmals, feinere, stillere, schärfere, geübtere, auch dankbarere. Dies alles gehört mir heute mehr als damals, spricht reicher und mit verhundertfachten Nuancen zu mir. Meine trunkene Sehnsucht malt nicht mehr Traumfarben über die verschleierten Fernen, mein Auge ist zufrieden mit dem, was da ist, denn es hat sehen gelernt. Die Welt ist schöner geworden seit damals.

Die Welt ist schöner geworden. Ich bin allein, und leide nicht unter dem Alleinsein. Ich wünsche nichts anders. Ich bin bereit, mich von der Sonne fertig kochen zu lassen. Ich bin begierig, reif zu werden. Ich bin bereit zu sterben, bereit wiedergeboren zu werden.

Die Welt ist schöner geworden.

Marie T. Martin
Brandung, das Leuchten

Da bin ich. Gehe die Straße entlang in einem Frühling und die Magnolie blüht und steht da wie etwas Heiliges. Wie eine Monstranz: nur viel schöner, lebendiger. Da bin ich. Gehe mit dem Geldbeutel zum Bäcker, und in der Küche gießt du gerade Kaffee in die Kanne. Das ist die unfassbare Schönheit einer Magnolie an einem Frühlingsmorgen, so schön, dass es weh tut, während du in der Wohnung eine Tomate entzwei schneidest und die Kühlschranktür schließt und darauf wartest, dass ich wiederkomme. Als hätte ich monatelang nur darauf gewartet, dass du mir die Tür öffnest und da stehst mit einem Lächeln, das alles aufhebt, das sogar den Tod aufhebt für Sekunden.

Da gehe ich die Straße entlang, vorbei an einer Litfaßsäule zum Bäcker an der Ecke und bleibe vor der Magnolie stehen, als hätte ich in diesem Moment sehen gelernt. Die Blüten in ihrer schwer zu beschreibenden Farbe beginnen zu leuchten, der Baum, von dessen Anblick ich mich kaum lösen kann, um in die Bäckerei zu gehen, wo es nach Broten und Keksen duftet, und wo ich ein Brot mit Rosinen kaufe, das mir vorkommt wie etwas sehr Kostbares, so wie mir alles, was ich betrachte und in die Hand nehme seit wir die Dinge gemeinsam betrachten, in die Hand nehmen, berühren und essen, sehr kostbar vorkommen.

Dies ist der Versuch, die Farbe einer Magnolie zu beschreiben. Dies ist der Versuch, den Duft eines Frühlingsmorgens zu beschreiben, wenn man die Straßen entlang geht, eine

Tüte mit einem süßen Brot in der Hand, und die Gehwegplatten anfangen sich zu bewegen, ganz leicht, als würden
sie atmen, und die Häuserwände anfangen zu leuchten, weil
ich dich gleich ansehen kann, wie du im Türrahmen stehst
und wie du die Tüte vom Bäcker nimmst und auf den Tisch
legst. Dies ist der Versuch, zu beschreiben, wie es sich an-
fühlt, den Finger auf die Kuhle zwischen den Schlüsselbein-
knochen zu legen, die Lippen auf diese verletzbare Stelle zu
legen, so dass man alles heilen möchte, mit nur einer Berührung. Dies ist der Versuch, die Schrecklichkeit des Todes
trotzdem zu sehen. Der Versuch, zu weinen, während man
lacht. Zu sehen, dass sich alles fortwährend verändert und
bewegt, und dass ich hier sitze an einem Tisch mit einem Teller Reis und Gemüse und einer halb ausgetrunkenen Tasse
Tee, während die Menschen, die ich liebe, in anderen Zim-
mern sitzen, in anderen Städten und manche von ihnen in
ganz anderen Welten. Und wie ich immer noch mit den Menschen sprechen möchte, die gegangen sind, immer noch
sprechen, mit einem wirklichen Mund und einer wirklichen
Stimme, die klingt, die widerhallt. Und dass ich einen Hörer
nehmen möchte, aus dem ein leises Rauschen kommt und ein
Gesang, und dann plötzlich die Stimme des geliebten Menschen, der schon fort ist. Ich möchte nicht irgendwohin gehen ohne die anderen. Ich möchte nicht irgendwohin gehen
ohne dich. Ich möchte in diesem Moment stehen bleiben,
vor der Magnolie, mit der Bäckereitüte in der Hand, und
ewig sein. Ewig mit der Freude, dich gleich zu sehen. Mit
deinem Körper im Türrahmen und dem Lächeln in deinem
Gesicht. Ewig mit den Gesprächen der Vögel, die früher in
der Kindheit draußen sangen, in den Bäumen und über den
Wiesen, und wie dieses Gezwitscher durch den weißen Baum-

wollvorhang drang, auf dem die Lichtflecken sich bewegten.

Und jetzt höre ich die Vögel in der Straße mit den hohen Jahrhundertwendehäusern in einem Frühling, der aus den Vorgärten wächst, der mit Winden und Clematis und bunten Tulpen aus den Vorgärten wächst, und eine Allee voller Apfel- und Kirschbäume ist, eine Allee, die Aquariumweg heißt. Es ist ein Aquarium, das aus blühenden Bäumen gebaut ist, und durch das wir schwimmen bis zum Ende, wo sich ein kleiner Platz mit Bänken befindet, auf denen Jugendliche sitzen und sich gegenseitig fotografieren. Wie jeden Frühling mache ich ein paar Bilder von Blüten, weil ich alles Schöne behalten möchte, obwohl ich weiß, dass das nicht möglich ist. Die Jugendlichen lachen, während sie sich fotografieren, und währenddessen werden sie älter und irgendwann fotografieren sie sich auf einem Klassentreffen fünfzehn Jahre später und sind etwas dicker geworden und sitzen um einen Tisch und reden über Kinder und Zeitverträge.

In diesem Aquarium voller Blüten stehen wir und schwimmen zurück, vorbei an alten Paaren, die vorwärts schleichen und sich nicht mehr an den Händen halten. Es ist ein ganz normaler Werktag, Haut um Haut durchleuchtet das Frühlingslicht die Schichten, bis ich darunter neu bin und an den Schrebergärten mit ihren gestutzten Hecken und herabhängenden Deutschlandfahnen vorbeigehe an deiner Seite, an einem Tag im Frühling, an dem wir erst später arbeiten werden, und an dem meine Netzhaut ganz betört ist von all den Farbtönen, die sich auf das Stoffstück legen, das über meiner Wiege hing. Als ich noch keine Worte besaß und hineinhörte in die Stille, in das Plätschern das Baches, zu dem mich mein Vater trug, in das Geknister des Radios und die Stimmen der

Eltern, hing ein rosafarbenes Seidentuch über meiner Wiege und du warst schon zehn Jahre auf der Welt und vielleicht machtest du gerade Sport oder Hausaufgaben. Und jetzt stehe ich auf den Gehwegplatten des Frühlings, höre die Vögel zwitschern, und kann es kaum erwarten, dir gegenüber zu sitzen mit einer Tasse Kaffee und dir ins Gesicht zu sehen und zuzuhören, was du erzählst, während draußen die Blüten vom Baum fallen, die Walnüsse mit einem lauten Geräusch vom Baum fallen, während draußen der erste Schnee fällt.

Immer möchte ich durch eine Tür kommen in einen Raum, in dem du auch bist, in dem du ein Buch vom Sofa nimmst, es aufklappst und mir etwas vorliest, immer möchte ich, dass du am Abend eine Stelle heraussuchst aus dem Buch, das wir gerade lesen und ich sofort einschlafe. Schon während du die ersten Sätze liest, schlafe ich ein und es gibt kein schöneres als das von deiner Stimme begleitete Einschlafen, denn so bist du noch länger da, als wenn wir einfach Gute Nacht sagen würden. Es ist so still, neben dir zu liegen, während du schon eingeschlafen bist, aber so kann ich mich in den Schlaf hineinlegen, in deine Stimme und nehme sie mit in den Traum, wo du auch bist. Im Traum versuche ich, dich anzurufen, aber am anderen Ende der Leitung ist immer Stille, immer ist dort Stille und ich rufe in die Stille und du sagst nichts und ich weiß nicht, ob du mich hörst.

Und deswegen singe ich manchmal laut an der Kreuzung vor der Moschee, während ich auf meinem Fahrrad darauf warte, dass die Ampel grün wird. Die Autos rasen die Kanalstraße hinunter und ich singe dagegen an, wie gegen Meeresrauschen, die Autos rauschen und an der Ampel sieht jemand zu mir herüber, aber die Töne formen sich aus dem Inneren und vermischen sich mit der Brandung des Verkehrs und dem Abendlicht. Ist der Feind nahe, muss gesungen werden, lernte ich von einem Freund, der beim Militär war, und ist der Gesang auch falsch, laut muss er sein.

In den Kneipen sitzen die Leute draußen, Stimmengewirr und Flaschenklirren, heute ist überall Musik, Handygeklingel, darin gleite ich auf dem Fahrrad durch die Stimmen und die Lichter, höre die innere Musik und bin auch hier in einem Aquarium, die erleuchteten Fenster der Häuser ringsum, das Glimmen der Zigaretten, Leuchtfische, die hin- und herflitzen, die Rücklichter der Autos, das Blinken des Spielkasinos und in der Bar des Entzückens sitzt du zwischen den roten Wänden und ich setze mich neben dich.

Der DJ spielt nur für uns, die Bar ist ganz leer und hinter der Theke betrinkt sich der Barkeeper leise. Wir sind die einzigen Gäste, den ganzen Abend, und wir sind noch ganz jung, sind vielleicht gerade erst auf die Welt gekommen. Es ist eine Stille zwischen den Beats, die durch den Raum perlen, es ist eine Stille zwischen den rötlichen Wänden, zwischen den aufgereihten schimmernden bunten Flaschen hinter der Bar. Hier sitzen wir, zwei Menschen mit einer Geschichte, mit Eltern und Großeltern, ausgewanderten Verwandten und heimatvertriebenen Großmüttern, schwierigen Vätern und kleinen stillen dunklen Stunden, in denen wir Angst haben. Diese Momente, in denen man keine Luft mehr bekommt, weil man sich erschrickt, dass man da ist, dass es so vieles gibt, was auf einen zukommt, sich vor einem aufbaut und einem dazwischen geht und mittendurch. Einmal stellte ich die Nachrichten an, schon wieder ein neuer Krieg, und bekam so ein Stechen in der Brust, dass ich mich stumm aufs Bett legte und einfach atmete, minutenlang in die Stille atmete und versuchte, Stille einzuatmen. Manchmal tragen die Zellen zu viele Informationen. Manchmal haben die Ohren zu viel gehört. Manchmal fängt es im Ohr an zu summen und zu sirren, weil man nichts mehr hören möchte. Manchmal geht man um den Block und sieht im Kiosk noch den Besitzer hinter der Theke in einer Zeitung blättern, während auf einem kleinen Fernseher ein Fußballspiel läuft. Einmal sah ich, auf dem Weg zu dir, abends, einen Jungen am Fenster eines Mädchens stehen, auf der Fensterbank flackerte eine Kerze. Ich stand schweigend eine Weile davor wie vor einem Gemälde.

Die Stille eines Bahnhofsgebäudes am frühen Abend, wenn kupferfarbenes Licht durch die Scheiben schimmert und der Zug einfährt, während die Lichter im Bordrestaurant leuchten und dahinter Menschen sitzen, die sich stumm unterhalten. Sie öffnen und schließen die Münder, aber ich, auf dem Bahnsteig stehend, höre nicht, was sie sagen. Einen Moment lang ist alles um mich herum ein Stummfilm. Die Leute bewegen sich, murmeln etwas, während sie den Finger auf den Wagenstandanzeiger legen und ihre Koffer hinter sich herziehen und auf ihre Fahrkarten blicken, Pilger auf dem Weg durch die Zeit, Pilger, die merkwürdige Gebete voller Zahlen sprechen, dabei werden einem die schönsten Gebete vor die Füße gelegt, sie verändern ihre Farbe mit den Jahreszeiten und als Kind kann man sie sich auf die Nase stecken oder wegpusten. Sie verteilen sich schnell, manchmal fliegen sie als Schwalben am Himmel oder kommen als Gesang aus der Stille. Manchmal hält man sie in den Händen, ohne es zu wissen. Manchmal haben wir unversehens eins ausgesprochen.

Das Sprechen aus der Stille heraus, und wie wir wieder in sie hineingehen und nichts davon verstehen, bis wir das Gesicht eines Toten betrachten, das Gesicht eines Menschen, den wir geliebt haben und der eine Zeit lang neben uns herging, auf schlammigen Wegen und gut asphaltierten Straßen, der uns im Arm hielt und den wir essen, lachen und weinen sahen. Und der nun da liegt, in unendlicher Stille und mit einem fremden Gesicht und wir stehen in völligem Unverständnis da und doch ist es möglich, nicht selbst daran zu sterben und einfach mitzugehen, dorthin, wo der andere sich befindet, sondern wieder hinauszugehen, aus der Aufbahrungshalle, in der es ein wenig kühl ist, und in der Kerzen brennen und Blumen stehen, die eine Freundin dort hingestellt hat, und in der man selbst die Schritte und die Gedanken nicht mehr hören kann, weil man sich in einem völlig unerklärlichen Raum befindet, in dem sich das Meer der Stille kaum merklich bewegt, und in dem ich nun das Gesicht meines Vaters betrachte, das ich nicht wiedererkenne, so fremd und still sieht es aus, gar nicht wie ein Gesicht, mehr wie die Idee eines Gesichtes, von einem Bildhauer gemeißelt, und in diesem Gesicht sind all die anderen enthalten, das Kindergesicht, das Jungengesicht, das Gesicht des Mannes, wie die Ringe eines Baumes liegen sie hintereinander und dieses hier, voller Geschichten, ist das letzte. Nur die Geschichten werden davon bleiben und die Stille, in der sie sich bewegen.

Die Stille, in der ich stehe und in der meine Fragen sich bewegen und an kein Ziel kommen, so wie sich die Sterne langsam im All bewegen in einer großen Weite, die von Musik durchdrungen ist. Jeder Stern hat seinen Ton und alle Töne ergeben ein Netz, in dem die Planeten um die Sonne kreisen und die Kometen niedergehen und das Licht sich bewegt, so lange, bis es bei uns ankommt und der Stern vielleicht schon lange nicht mehr existiert. Und so stehe ich in der Stille und falle danach in eine Dunkelheit, in der mich niemand hören kann, weil ich ein Stück zu weit gegangen bin und irgendwo auf einem Steg zwischen den Anderen und diesem kühlen Raum mit den Kerzen stehen geblieben bin. Ich rufe hinüber, aber die anderen hören mich nicht. Dort weinen die Geschwister und die Mutter, weil ich auf dem Steg geblieben bin, und ich höre ihre Stimmen und sehe ihre Gesichter, aber ich kann noch nicht sprechen.

Die Worte in meinem Mund formen sich nicht mehr oder sie dringen nicht hinaus. Langsam, in monatelanger mühseliger Arbeit, gehe ich auf die anderen zu, in die Sonne, zu ihren ausgestreckten Händen. Weil jemand da ist, der mir die Hand hinstreckt und darauf achtet, dass ich atme, kann ich es irgendwann wieder selbst. Ich brauche so viele Monate, um zu gehen, Monate, bis ich die Lichtfinger der Sonne sehen, und die warmen Hände der anderen wieder berühren kann. Da in der Welt sind die gurgelnden Flüsse, da ist eine knisternde Packung Kekse, da ist das Sprudeln von Wasser und dort spielt leise ein Radio. Hier redet jemand und hier tutet ein Telefon. Dort steht meine Freundin an einem Ostseestrand und winkt und der Himmel ist sehr weit. Dort streife ich eine Haut ab und steige hinaus, und höre das Rauschen von Flügeln, während ich den Mund öffne.

Hier bin ich und spreche aus der Stille. Hier hört mich jemand und antwortet. Hier sprechen die Stimmen in mir, höre ich den Vater, die Großmutter und einen Mann, den ich geliebt habe. Hier höre ich das Wispern der Birken und den Farn, der seine Geschichten in ein grünes Band wickelt. Hier ist die Stille eine Bewegung. Hier stehe ich, in einem Frühling, vor der Magnolie, und bin am Leben.

Hier leuchten die Blätter, und gleich werde ich zurückgehen über die Gehwegplatten und den Schlüssel ins Schloss stecken. Du wirst im Türrahmen stehen und das Brot aufschneiden. Alle sieben Jahre haben sich die Zellen unseres Körpers ausgetauscht. Sie sind erfüllt von Licht und Raum, wir bewegen uns durch die Zeit und sind immer noch die Kinder, die den Mund öffnen, um ihr erstes Wort zu sagen. Um uns herum ist die Stille. Wir treiben durch das Wasser, wie ein leuchtender Fisch in den dunkelsten Tiefen des Ozeans. Draußen, von sehr weit, vernehmen wir Geräusche. Gleich werden wir auf die Welt kommen und zum ersten Mal das Licht sehen und das Gesicht der Mutter. Wir werden es noch nicht richtig erkennen können, aber sie wird uns zum ersten Mal anblicken und unseren Namen sagen, den Namen, der jahrzehntelang manchmal noch fremd klingt.

Nun wirst du ihn gleich sagen, wenn ich die Tür öffne und dich anlächle, die warme Brottüte wie eine besondere Gabe in der rechten Hand.

Jürgen Becker
Die Ruhe auf Kreta

Ich trank einen Schluck Apfelsaft und setzte mich wieder an den Tisch. Obschon es auf Mitternacht zuging, dröhnte in der schwarzen Luft überm Gehöft eine von diesen unplanmäßigen Nachtmaschinen in der nördlichen Einflugschneise herum; entweder war der Tower schon geräumt, oder die wollten den Bomber nicht landen lassen; jedenfalls blieb das Gedröhn länger über der Gegend, als ich meinte, daß es erlaubt sei. Am Fenster stehend hatte ich von der kreisenden Maschine nichts sehen können, aber so ging es einem ja oft, daß man von dem, was man hörte, nichts sah. Selten beherrschte dabei ein einziges Geräusch den Bereich der Wahrnehmung, wie es der nächtliche Düsenvogel jetzt tat; meistens war es etwas Unbestimmtes, das in der Luft lag, durch die Wände drang, in der Umgebung hing. Und in der Regel beschäftigte man sich ja auch nicht mit der Herkunft eines Geräusches; stellte man keine Überlegungen an, was die Ursache dessen sein könnte, was man als Rauschen, Sirren, Klacken, Ticken etc. hörte; man suchte ja nicht einmal mehr nach Wörtern, um diese akustischen Phänomene zu benennen. Ob man sie überhaupt noch richtig hörte oder nicht, sie waren einfach da, und die Gewöhnung an sie war so weit fortgeschritten, daß viele von uns bei offenen Fenstern über einer Straßenkreuzung ungestört schlafen oder unter einem Lautsprecher sitzend gut miteinander reden oder friedlich auf ihren Terrassen mit Blick auf die Autobahn zu Abend essen konnten. Im letzten Frühsommer fuhren wir mit Martina und Werner über die Insel Kreta. An einer Stelle oben im Gebirge hielt Werner den Wagen an, stellte den Motor ab, und wir stiegen aus. Nach einer Weile, in der wir fotografiert und ein paar Worte über die Faszination der Gegend gesagt hatten, war es vollkommen still. Wir sahen in der Ferne das Meer; wir sahen einen Vogel kreisen und in einer grünen Schlucht einige Ziegen hängen, aber wir hörten rein nichts. Wir wurden unruhig; das gab es doch gar nicht; irgend etwas mußte doch ein Geräusch hervorbringen, und wenn es der eigene Blutkreislauf wäre. Ich frage mich jetzt, warum wir das nicht aushielten und bald die Wagentüren zukrachen ließen. Früher hatte ich einmal gesagt: alleine möchte ich dort leben, wo man außer Wind und Gewässer nur die Geräusche hört, die man selber macht.

Raymond Carver
Ruhe

Ich ließ mir die Haare schneiden. Ich saß auf dem Friseurstuhl, und drei Männer saßen an der Wand vor mir. Zwei
von den wartenden Männern hatte ich noch nie gesehen.
Aber einen erkannte ich wieder, obwohl ich ihn nicht genau unterbringen konnte. Ich sah ihn dauernd an, während
der Friseur an meinen Haaren arbeitete. Der Mann schob
einen Zahnstocher in seinem Mund hin und her, ein gedrun-
gener Mann mit kurzem welligem Haar. Und plötzlich sah
ich ihn mit Kappe und in Uniform vor mir, mit kleinen wach-
samen Augen in der Halle einer Bank.

Von den beiden anderen hatte der eine, der entschieden
der Ältere war, volles lockiges graues Haar. Er rauchte. Der
Dritte, obwohl noch gar nicht so alt, war oben auf dem Schädel fast kahl, aber an den Seiten hing ihm das Haar über die
Ohren. Er hatte Holzfällerstiefel an und Hosen, die von Ma-
schinenöl glänzten.

Der Friseur legte mir die Hand auf den Kopf und drehte
ihn so, dass er besser sehen konnte. Dann sagte er zu dem
Wachmann: »Na, Charles, hast du deinen Hirsch gekriegt?«

Ich mochte den Friseur. Wir kannten uns nicht gut genug,
um einander mit Vornamen anzureden. Aber als ich herein-
gekommen war, um mir die Haare schneiden zu lassen, hatte
er mich erkannt. Er wusste, dass ich angelte. Und so sprachen wir übers Angeln. Ich glaube nicht, dass er jagte. Aber
er konnte über jedes Thema reden. In dieser Beziehung war
er ein guter Friseur.

»Das ist eine komische Geschichte, Bill. Eine verflixte Sache«, sagte der Wachmann. Er nahm den Zahnstocher aus dem Mund und legte ihn in den Aschenbecher. Er schüttelte den Kopf. »Ich hab und hab ihn nicht gekriegt. Also ein Ja und ein Nein als Antwort auf deine Frage.«

Ich mochte die Stimme des Mannes nicht. Zu einem Wachmann passte diese Stimme nicht. Es war nicht die Stimme, die man erwartete.

Die beiden anderen Männer blickten auf. Der Ältere blätterte in einer Zeitschrift und rauchte, und der andere Typ hielt eine Zeitung. Beide legten nieder, was sie lasen, und wandten sich dem Wachmann zu, um zuzuhören.

»Red weiter, Charles«, sagte der Friseur. »Erzähl mal.«

Der Friseur drehte wieder meinen Kopf zurecht und machte sich wieder mit der Schere an die Arbeit.

»Wir waren oben an der Fikle Ridge. Mein alter Herr und ich und der Junge. Wir haben in den Ravinen gejagt. Mein alter Herr hatte sich am Ende der einen postiert, ich und der Junge am Ende einer anderen. Der Junge hatte einen Kater, man sollte ihm das Fell über die Ohren ziehen. Der Junge war grün um die Kiemen und hat den ganzen Tag Wasser getrunken, meins und seins. Es war Nachmittag, und wir waren seit Tagesanbruch unterwegs. Aber wir hatten noch Hoffnung. Wir dachten uns, die Jäger unten würden einen Hirsch aufscheuchen und in unsere Richtung treiben. Also hockten wir hinter einem umgekippten Baumstamm und sahen in die Ravine hinein, als wir hörten, dass unten im Tal geschossen wurde.«

»Da unten sind Obstplantagen«, sagte der Typ mit der Zeitung. Er zappelte dauernd herum und schlug immer wieder ein Bein übers andere; er schwang seinen Stiefel eine Zeit lang hin und her, und dann schlug er die Beine andersherum übereinander. »Das Rotwild hält sich gern bei den Plantagen auf.«

»Richtig, stimmt«, sagte der Wachmann. »Sie gehen da abends rein, die Viecher, und äsen die kleinen grünen Äpfel. Also, wir hörten sie schießen, und wir saßen einfach nur da und taten gar nichts, als keine hundert Meter vor uns so ein starker alter Bock aus dem Unterholz tritt. Der Junge sieht ihn im selben Moment wie ich, natürlich, und er legt an und ballert los. Der Holzkopf. Der alte Bock hatte nichts zu be-·fürchten. Nicht von dem Jungen, wie sich herausstellt. Aber er kann nicht erkennen, woher die Schüsse kommen. Er weiß nicht, in welche Richtung er springen soll. Dann komm ich zum Schuss. Aber in all der Aufregung schieß ich ihn nur an.«

»Du hast ihn angeschossen?« sagte der Friseur.

»Gelähmt, ja, verstehst du?« sagte der Wachmann. »Es war ein Waidwundschuss. Er lähmt ihn sozusagen nur. Also lässt er den Kopf sinken und fängt an zu zittern. Er zittert am ganzen Leib. Der Junge schießt nochmal. Und ich, ich kam mir vor, als wär ich wieder in Korea. Also hab ich wieder ge-schossen, hab ihn aber verfehlt. Darauf zieht der alte Hirsch zurück ins Unterholz. Aber viel Mumm hat er jetzt nicht mehr, bei Gott. Der Junge hat seine gottverdammte Knarre ohne Sinn und Verstand leergefeuert. Aber ich hab ihn voll getroffen. Ich hatte ihm einen Schuss in die Eingeweide ver-passt. Das hab ich vorhin mit gelähmt gemeint.«

»Und dann?«, fragte der Typ mit der Zeitung. Er hatte sie aufgerollt und klopfte sich damit auf die Knie. »Und dann? Sie sind doch bestimmt seiner Fährte gefolgt. Sie suchen sich immer eine schwer zugängliche Stelle zum Verenden.«

»Aber Sie sind ihm nachgegangen?«, fragte der ältere Mann, obwohl es nicht wirklich eine Frage war.

»Bin ich. Ich und der Junge, wir sind ihm nachgegangen. Aber der Junge schaffte es nicht lange. Ihm wird kotzübel, er hält uns auf. Der Schwachkopf.« Der Wachmann musste jetzt lachen, als er an die Situation zurückdachte. »Die ganze Nacht Bier trinken und den Schürzenjäger machen, und dann behaupten, er kann jagen. Jetzt weiß er Bescheid, bei Gott. Aber klar, wir sind ihm auf der Fährte geblieben. War sogar eine gute Fährte. Blut auf dem Boden und Blut an den Blättern. Überall Blut. Hab noch nie einen Bock gesehen mit so viel Farbe. Ich möchte bloß wissen, wie das Vieh sich weitergeschleppt hat.«

»Manchmal laufen sie noch ewig weiter«, sagte der Typ mit der Zeitung. »Sie suchen sich jedes Mal eine schwer zugängliche Stelle aus zum Verenden.«

»Ich hab den Jungen zur Sau gemacht, weil er ihn verfehlt hat, und als er mir frech gekommen ist, hab ich ihm ordentlich eine gelangt. Genau hier.« Der Wachmann zeigte grinsend auf die Seite seines Kopfes. »Ich hab ihm was an die Ohren gehauen. Der verdammte Bengel! Dazu ist er noch nicht zu alt. Er hat es gebraucht. Tatsache ist also, dass es zu dunkel wurde für die Nachsuche, na ja, mit dem Jungen, der dauernd zurückblieb und kotzen musste, und allem.«

»Na, dann haben sich die Kojoten inzwischen über den Bock hergemacht«, sagte der Typ mit der Zeitung. »Die Kojoten und die Krähen und die Bussarde.«

Er rollte die Zeitung auf, strich sie über die ganze Seite hin glatt und legte sie neben sich. Wieder schlug er ein Bein über das andere. Er blickte uns alle der Reihe nach an und schüttelte den Kopf.

Der ältere Mann hatte sich auf seinem Stuhl gedreht und sah zum Fenster hinaus. Er zündete sich eine Zigarette an.

»Das nehm ich an«, sagte der Wachmann. »Schade drum. So ein starker alter Bock wie der. Um also deine Frage zu beantworten, Bill, es war beides, ich hab meinen Hirsch gekriegt, und ich hab ihn nicht gekriegt. Aber wir hatten trotzdem Wild auf dem Tisch. Denn es stellt sich raus, dass mein alter Herr in der Zwischenzeit einen schwachen Junghirsch geschossen hat. Hat ihn schon im Lager, aufgehängt und ausgeweidet, glatt und glänzend, wie poliert, Leber, Herz und Nieren in Wachspapier gewickelt und schon im Kühler verstaut. Ein Junghirsch. Ein kleiner Bastard nur. Aber der alte Herr, der war sehr vergnügt.«

Der Wachmann blickte im Laden herum, als fiele ihm wieder ein, wo er war. Dann nahm er den Zahnstocher und steckte ihn sich wieder in den Mund.

Der ältere Mann drückte seine Zigarette aus und wandte sich an den Wachmann. Er holte tief Luft und sagte: »Sie sollten jetzt da draußen sein und nach dem Hirsch suchen, statt hier zu sitzen und sich die Haare schneiden zu lassen.«

»Was reden Sie denn da«, sagte der Wachmann. »Sie alter Sack. Ich hab Sie schon mal irgendwo gesehen.«

»Ich Sie auch«, sagte der Ältere.

»Leute, das reicht. Das hier ist mein Friseurladen«, sagte der Friseur.

»Ich sollte *Ihnen* was an die Ohren hauen«, sagte der ältere Mann.

»Versuchen Sie's doch mal«, sagte der Wachmann.

»Charles«, sagte der Friseur.

Der Friseur legte Kamm und Schere auf die Ablage und die Hände auf meine Schultern, als dächte er, ich würde jeden

Augenblick vom Stuhl aufspringen und dazwischengehen. »Albert, ich hab Charles immer die Haare geschnitten, und seinem Jungen auch, seit Jahren schon. Ich möchte, dass du es dabei bewenden lässt.«

Der Friseur sah vom einen zum andern und ließ die Hände auf meinen Schultern ruhen.

»Macht's draußen ab«, sagte der Typ mit der Zeitung. Er war erregt und erhoffte sich etwas.

»Das ist jetzt genug«, sagte der Friseur. »Charles, ich möchte kein Wort mehr zu der Sache hören. Albert, du bist als Nächster an der Reihe. Jetzt.« Der Friseur wandte sich dem Typ mit der Zeitung zu. »Ich hab keine Ahnung, wer Sie sind, Mister, aber ich wär dankbar, wenn Sie sich nicht einmischen würden.«

Der Wachmann stand auf. Er sagte: »Ich glaub, ich komm später wieder und lass mir die Haare schneiden. Im Moment lässt die Gesellschaft hier einiges zu wünschen übrig.«

Der Wachmann ging hinaus und zog die Tür knallend ins Schloss.

Der Ältere saß da und rauchte seine Zigarette. Er sah zum Fenster hinaus. Er untersuchte irgendetwas auf seinem Handrücken. Er stand auf und setzte den Hut auf.

»Tut mir Leid, Bill«, sagte der Ältere. »Ich kann noch ein paar Tage lang so rumlaufen.«

»Schon in Ordnung, Albert«, sagte der Friseur.

Als der Ältere hinausging, trat der Friseur ans Fenster, um ihm nachzusehen.

»Albert hat ein Lungenemphysem, er ist halb tot«, sagte der Friseur vom Fenster her. »Wir haben früher zusammen geangelt. Er hat mir alles über den Lachs beigebracht. Die

Frauen. Sie sind früher auf den alten Knaben geflogen. Er ist schnell gereizt, das stimmt. Aber mal ehrlich, es kam nicht von ungefähr.«

Der Mann mit der Zeitung konnte nicht stillsitzen. Er war aufgesprungen und ging umher, blieb stehen, um sich alles genau anzusehen, die Hutablage, die Fotografien von Bill und seinen Freunden, den Kalender von der Eisenwarenhandlung mit Bildern zu jedem Monat des Jahres. Er schlug jedes Blatt auf. Er ging sogar so weit, sich vor Bills Friseurdiplom, das gerahmt an der Wand hing, hinzustellen und es gründlich durchzulesen. Dann wandte er sich um und sagte: »Ich geh dann auch«, und schon ging er hinaus, wie er gesagt hatte.

»Und Sie, wollen Sie, dass ich Ihnen die Haare fertig schneide, oder nicht?« sagte der Friseur zu mir, als wäre ich die Ursache von alledem.

Der Friseur drehte mich so auf dem Stuhl, dass ich in den Spiegel blickte. Er legte beide Hände seitlich an meinen Kopf. Er rückte mich ein letztes Mal zurecht, und dann beugte er den Kopf, so dass er auf meiner Höhe war.

Wir blickten in den Spiegel, beide zusammen, und seine Hände hielten noch immer meinen Kopf von beiden Seiten. Ich betrachtete mich, und er betrachtete mich auch. Aber falls der Friseur etwas sah, dann machte er zumindest keine Bemerkung darüber.

Er fuhr mit den Fingern durch mein Haar. Er machte es langsam, als dächte er über etwas anderes nach. Er fuhr mit den Fingern durch mein Haar. Er tat es zärtlich, wie ein Liebender es tun würde.

Das war in Crescent City, Kalifornien, oben in der Nähe

der Grenze zu Oregon. Ich ging bald darauf fort. Aber heute musste ich an diese Stadt, an Crescent City denken – wie ich dort mit meiner Frau ein neues Leben probiert und wie ich an dem Morgen damals, auf dem Friseurstuhl, den Entschluss gefasst hatte, fortzugehen. Ich musste heute an die Ruhe denken, die ich empfand, als ich die Augen schloss und die Finger des Friseurs durch mein Haar fuhren, an die Sanftheit dieser Finger, während das Haar schon wieder zu wachsen begann.

Lu Xun
Laozi wandert aus

Laozi saß völlig regungslos in der Stille, ganz wie eine Statue aus Holz.

»Meister, Kong Qiu ist wieder gekommen!« meldete leise sein Schüler Geng Sangchu, der mit einer Miene des Überdrusses eingetreten war.

»Ich lasse bitten ...«

»Meister, wie geht es Ihnen?« fragte Konfuzius, indem er sich sehr ehrerbietig verbeugte.

»Mir geht es immer so«, antwortete Laozi. »Und wie steht es bei Ihnen? Haben Sie die hier aufbewahrten Bücher alle gelesen?«

»Ich habe sie alle gelesen, nur ...«, Konfuzius war voller Unrast, wie man sie an ihm sonst nicht kannte. »In sechs klassische Bücher habe ich mich vertieft: das ›Buch der Lieder‹, das ›Buch der Urkunden‹, das ›Buch der Riten‹, das ›Buch der Musik‹, das ›Buch der Wandlungen‹ und die ›Frühling- und Herbstannalen‹. Als ich meinte, sie schon sehr lange studiert und ihren Sinn durchdrungen zu haben, stattete ich nacheinander zweiundsiebzig Herrschern meinen Besuch ab, doch kein einziger wollte sich meiner Lehre bedienen. Ist es wirklich so schwer, sie den Menschen begreiflich zu machen, oder liegt das am ›Dao‹, das so schwer zu erklären ist?«

»Schätzen Sie sich glücklich«, sagte Laozi, »daß Sie keinem fähigen Herrscher begegnet sind. Die sechs klassischen Bücher, diese Spielzeuge, sind doch nur die Spuren der früheren Könige. Wo ist denn etwas, das aus diesen Spuren entstanden ist? Was Sie sagen, gleicht jenen Spuren. Spuren werden durch Schuhe getreten, aber kann man denn sagen, daß die Spuren schon die Schuhe sind?« Er hielt einen Moment inne und fuhr dann zu reden fort: »Wenn sich die weißen Reiher paaren, schauen sie einander regungslos an und bewegen noch nicht einmal die Pupillen. Bei den Insekten ruft das Männchen mit dem Wind, worauf das Weibchen gegen den Wind antwortet, und schon ist es von selbst befruchtet. Das Tier Lei hat in seinem Körper sowohl ein männliches als auch ein weibliches Geschlechtsorgan und kann sich darum selbst vermehren. Das Geschlecht kann nicht verändert werden, dem Schicksal kann man nicht entgehen, die Zeit läßt sich nicht anhalten, das Dao kann man nicht hemmen. Nur wer das Dao erlangt, dem gelingt alles. Aber wer es verloren hat, dem gelingt nichts.«

Konfuzius saß da wie vor den Kopf gestoßen, als ob die Seele aus seinem Körper entwichen sei. Er glich einer Statue aus Holz.

So vergingen etwa acht Minuten. Dann raffte er sich mit einem tiefen Seufzer auf, nahm Abschied und dankte Laozi nach den Regeln der Etikette sehr höflich für die Unterweisung.

Laozi hielt ihn auch nicht zurück, sondern erhob sich und begleitete ihn, auf einen Stock gestützt, bis vor das große Tor der Bibliothek. Erst als Konfuzius den Wagen besteigen wollte, fragte Laozi wie ein Grammophon: »Sie gehen schon? Trinken Sie nicht noch einen Tee? ...«

»Danke, danke«, antwortete Konfuzius. Dann bestieg er den Wagen und grüßte, auf das Querbrett gelehnt, mit zusammengelegten Händen zu einem letzten höchst ehrfurchtsvollen Abschied. Ranyou knallte mit der Peitsche in der Luft, und nach einem »Hü!« setzte sich der Wagen in Bewegung. Erst als der Wagen gut zehn Schritte vom großen Tor entfernt war, ging Laozi wieder in sein Haus zurück.

»Heute scheinen Sie in sehr guter Stimmung zu sein, Meister«, sagte Geng Sangchu, der zusah, wie sich Laozi wieder hinsetzte, während er selbst neben ihm mit hängenden Armen stehen blieb. »Sie haben nicht wenig gesprochen ...«

»Ganz recht, was du sagst«, erwiderte Laozi ziemlich angegriffen und mit einem kaum vernehmlichen Seufzer. »Ich habe in der Tat zuviel gesprochen.« Plötzlich schien ihm etwas eingefallen zu sein. »Ach, ist die Wildgans, die Kong Qiu mir geschenkt hat, etwa gedörrt und geräuchert? Dämpfe sie dir zum Essen! Ich habe doch gar keine Zähne mehr, ich kann das Fleisch nicht kauen.«

Geng Sangchu ging hinaus. Laozi gab sich wieder der Ruhe hin und schloß die Augen. In der Bibliothek herrschte tiefe Stille. Dann hörte man eine Bambusstange gegen die Traufe des Daches schlagen. Es war Geng Sangchu, der die unter der Traufe hängende geräucherte Wildgans herunterholte.

Drei Monate waren vergangen. Laozi saß wie immer völlig regungslos in der Stille, ganz wie eine Statue aus Holz.

»Meister, Kong Qiu ist gekommen!« meldete leise sein Schüler Geng Sangchu, der mit einer Miene der Verwunderung eingetreten war. »Er ist schon lange nicht hier gewesen. Ich weiß nicht, warum er wieder gekommen ist ...«

»Ich lasse bitten ...«, Laozi ließ wie immer nur diese Phrase hören.

»Meister, wie geht es Ihnen?« fragte Konfuzius, indem er sich sehr ehrerbietig verbeugte.

»Mir geht es immer so«, antwortete Laozi. »Wir haben uns lange nicht gesehen. Sie haben wohl, in Ihrem Haus versteckt, fleißig gearbeitet?«

»Ach gar nicht, ach gar nicht«, wehrte Konfuzius bescheiden ab, »ich bin nicht zum Tor hinausgegangen, um mich in Gedanken zu versenken. Es ist nur wenig, was ich durchdacht habe: Raben und Elstern schnäbeln sich bei der Paarung, die Fische hingegen vermehren sich durch den Schleim aus ihren Mäulern; die Wespen verwandeln sich in ein anderes Insekt; dem jüngeren Bruder zugewendete Liebe gibt dem älteren Bruder Anlaß zu Tränen. Ich habe mich selbst schon lange nicht mehr geändert, wie sollte ich da andere Menschen ändern können! ...«

»Sehr richtig!« sprach Laozi. »Sie haben das Wesen begriffen!«

Danach hatten sie sich nichts mehr zu sagen und verharrten wie zwei Statuen aus Holz.

So vergingen etwa acht Minuten. Dann raffte sich Konfuzius mit einem tiefen Seufzer auf, nahm Abschied und dankte Laozi nach den Regeln der Etikette sehr höflich für die Unterweisung.

Laozi hielt ihn auch nicht zurück, sondern erhob sich und begleitete ihn, auf einen Stock gestützt, bis vor das große Tor der Bibliothek. Erst als Konfuzius den Wagen besteigen wollte, fragte Laozi wie ein Grammophon: »Sie gehen schon? Trinken Sie nicht noch einen Tee? ...«

»Danke, danke«, antwortete Konfuzius. Dann bestieg er den Wagen und grüßte, auf das Querbrett gelehnt, mit zusammengelegten Händen zu einem letzten höchst ehrfurchtsvollen Abschied. Ranyou knallte mit der Peitsche in der Luft, und nach einem »Hü!« setzte sich der Wagen in Bewegung.

Erst als der Wagen gut zehn Schritte vom großen Tor entfernt war, ging Laozi wieder in sein Haus zurück.

»Heute scheinen Sie nicht in rechter Stimmung zu sein, Meister«, sagte Geng Sangchu, der zusah, wie sich Laozi wieder hinsetzte, während er selbst neben ihm mit hängenden Armen stehen blieb. »Sie haben sehr wenig gesprochen.«

»Ganz recht, was du sagst«, erwiderte Laozi ziemlich angegriffen und mit einem kaum vernehmlichen Seufzer. »Aber das weißt du noch nicht: Ich habe begriffen, daß ich von hier fortgehen sollte.«

»Warum denn das?« Geng Sangchu war zutiefst erschrokken, wie von einem Donnerschlag aus heiterem Himmel gerührt.

»Kong Qiu hat meine Ideen bereits erfaßt. Er weiß, daß ich allein das Wesen seiner Gedanken verstanden habe, das läßt sein Herz niemals zur Ruhe kommen. Es wäre nicht sehr günstig, wenn ich nicht fortgehen würde ...«

»Aber vertreten Sie und Konfuzius denn nicht beide die gleiche Lehre? Warum also fortgehen?«

»Nein«, Laozi winkte mit der Hand ab, »wir vertreten beide eben nicht die gleiche Lehre. Wir gleichen einander wie der linke und der rechte Schuh eines Paares. Mein Schuh bahnt sich den Weg durch den Treibsand der Wüste, der seine schlägt den Weg zum Kaiserhof ein.«

»Aber schließlich sind Sie doch sein Lehrer!«

»Du hast bei mir so viele Jahre gelernt und bist immer noch derselbe redliche Kerl geblieben«, entgegnete Laozi lachend. »Wahrhaftig ist es so, daß man das Geschlecht nicht ändern und dem Schicksal nicht entrinnen kann. Du sollst wissen, Konfuzius und du, ihr beide seid ganz verschieden. Er wird mich nicht mehr aufsuchen und mich nie mehr seinen Lehrer nennen. Er wird mich lediglich einen Alten nennen und sich hinter meinem Rücken über mich lustig machen.«

»Ich kann das wirklich nicht fassen. Aber Sie, Meister, haben sich doch nie über einen Menschen getäuscht ...«

»O doch, früher hatte ich mich oft getäuscht.«

»Also«, sagte Geng Sangchu nach kurzem Nachdenken, »dann werden wir den Kampf gegen ihn aufnehmen ...«

Wieder mußte Laozi lachen und fragte, indem er Geng Sangchu den geöffneten Mund zeigte: »Schau her! Habe ich noch Zähne?«

»Nein«, antwortete Geng Sangchu.

»Ist die Zunge noch da?«

»Noch da.«

»Verstehst du, was ich sagen will?«

»Meister, meinen Sie: Das Harte ist verloren, doch das Weiche ist noch da?«

»Ganz recht, was du sagst. Ich denke, richte auch du dich darauf ein und kehre nach Hause zu deiner Frau zurück. Aber zuvor striegele meinen schwarzen Büffel und lüfte den Sattel in der Sonne. Morgen will ich in aller Frühe losreiten.«

Laozi gelangte zum Paß Hangu. Er benutzte jedoch nicht die Hauptstraße, die direkt zum Paßtor führte. Vielmehr schritt er langsam, den schwarzen Büffel am Zügel führend, auf einem schmalen Seitenweg voran, der unmittelbar am Fuß des Grenzwalls verlief. Er hatte vor, über den Wall zu klettern. Die Mauer des Walls war gar nicht hoch, er brauchte sich nur auf den Rücken des Büffels zu stellen, und wenn er sich dann emporgereckt hätte, könnte man mit einiger Mühe hochklettern. Nur der schwarze Büffel hätte hinter dem Wall bleiben müssen, denn er wußte sich keinen Rat, wie er ihn hinüber befördern sollte. Um ihn hinüberzuschaffen, hätte es einer Hebemaschine bedurft, doch leider waren damals Lu Ban und Mozi noch nicht auf die Welt gekommen, und Laozi selbst kam nicht auf den Gedanken, daß es derlei Apparate geben könnte. Um es kurz zu fassen: Sosehr er auch sein Philosophenhirn anstrengte, er wußte keinen Ausweg.

Er hatte aber auch nicht bedacht, daß ihn ein Späher bereits gesichtet hatte, als er in den Seitenweg einbog, und dies sofort dem Paßvorsteher gemeldet hatte. Er war auf seinem Umweg noch keine siebzig, achtzig Schritte gegangen, als ihn von hinten ein Haufen Berittener einholte. Der Späher, dessen Pferd in die Höhe ging, ritt an der Spitze, ihm folgte der Paßvorsteher Guanyin Xi, der noch vier Polizisten und zwei Zöllner mitführte.

»Halt! Stehenbleiben!« riefen mehrere Männer.

Laozi ließ seinen schwarzen Büffel sofort anhalten und verharrte selbst regungslos, ganz wie eine Statue aus Holz.

»Oh!« Der Paßvorsteher stürmte nach vorn, und als er Laozis Gesicht erblickte, entfuhr ihm dieser Laut der Verwunderung. Sogleich sprang er vom Pferd und sprach, indem er ehrfurchtsvoll die Handflächen aneinanderlegte: »Ich sagte mir: ›Wer ist denn das? Das ist doch der Archivar Lao Dan.‹ Was für eine Überraschung!«

Auch Laozi kletterte rasch vom Rücken des Büffels herunter und betrachtete den Mann mit zusammengekniffenen Augen, worauf er recht unbestimmt erwiderte: »Ich habe ein schlechtes Gedächtnis ...«

»Freilich, freilich, Meister, Sie haben mich vergessen. Ich bin Guanyin Xi. Früher hatte ich einmal in der Bibliothek nach dem Buch ›Das vollendete Wesen der Steuererhebung‹

geforscht und Ihnen, Meister, bei diesem Anlaß einen Besuch abgestattet . . .«

Inzwischen hatte ein Zöllner den Sattel auf dem schwarzen Büffel umgedreht. Mit einem spitzen Messer stach er ein Loch hinein, bohrte darin noch mit dem Finger herum und trat dann mit verächtlich geschürzten Lippen beiseite.

»Sie wollten einen Spaziergang den Grenzwall entlang unternehmen, Meister?« fragte Guanyin Xi.

»Nein, ich wollte ausreiten, frische Luft schöpfen . . .«

»Das ist sehr gut! Das ist ausgezeichnet! Heutzutage redet jedermann von Gesunderhaltung. Gesunderhaltung ist das allerwichtigste, man hat nur so wenig Gelegenheit dazu. Wir möchten Sie bitten, Meister, einige Tage unser Gast auf dem Paß zu sein, damit wir eine Unterweisung in Ihre Lehre hören können . . .«

Laozi hatte darauf noch nicht geantwortet, als die vier Polizisten ihn mit einem Ruck auf den Büffel hoben. Ein Zöllner piekte dem Büffel mit seinem spitzen Messer in das Hinterteil, worauf er sich schwanzwedelnd in Bewegung setzte und der ganze Trupp zum Paßtor zog.

Am Paß angelangt, öffneten sie sogleich das Tor zur Empfangshalle, um den Gast willkommen zu heißen. Die Empfangshalle nahm den Mittelteil des Wachtturms auf dem Grenzwall ein. Schaute man aus dem Fenster, so erstreckte sich vor einem, soweit das Auge reichte, die Gelbe Ebene. Darüber wölbte sich ein strahlend blauer Himmel, und die Luft war wirklich wunderbar. Dieser wuchtige Paß lag auf einer steilen Anhöhe. Rechts und links vor dem Tor führten Abhänge hinauf, in der Mitte aber verlief zwischen den Felsenwänden ein Wagenweg, der so schmal war, daß man ihn mit einer Lehmkugel hätte blockieren können.

Alle tranken heißes Wasser und aßen Weizenfladen. Nachdem man Laozi eine Weile sich hatte ausruhen lassen, wurde er von Guanyin Xi aufgefordert, über seine Lehre zu sprechen. Laozi war sich schon längst darüber im klaren, daß er nicht ablehnen könne, und deshalb erklärte er sich ohne Zögern dazu bereit. Danach flog ein lebhaftes Stimmengewirr durch den Raum, der sich allmählich mit den Platz nehmenden Zuhörern füllte. Außer den acht zusammen mit Laozi gegangenen Personen kamen noch vier Polizisten, zwei Zöllner, fünf Späher, der Sekretär, der Buchhalter und der Koch.

Mehrere von ihnen brachten Pinsel, Messer und Holztäfelchen mit und richteten sich darauf ein, den Vortrag festzuhalten. Laozi saß mitten unter ihnen wie eine Statue aus Holz. Nachdem er eine Weile schweigend verharrt hatte, hustete er mehrmals, und seine von einem weißen Bart umgebenen Lippen begannen, sich zu bewegen. Augenblicklich hielten alle den Atem an und sogen seine Rede ins Ohr hinein. Sie hörten, wie Laozi langsam vortrug:

> »sagbar das Dao
> doch nicht das ewige Dao
> nennbar der name
> doch nicht der ewige name
> namenlos
> des himmels, der erde beginn
> namhaft erst der zahllosen dinge urmutter
> ...«

Die Anwesenden tauschten Blicke miteinander. Niemand machte sich Notizen.

»darum:
immer begehrlos
und schaubar wird der dinge geheimnis«,

fuhr Laozi fort,

»immer begehrlich
und schaubar wird der dinge umrandung
beide gemeinsam entsprungen dem einen
sind sie nur anders im namen
gemeinsam gehören sie dem tiefen
dort, wo am tiefsten das tiefe
liegt aller geheimnisse pforte ...«

Alle bekamen irgendwie leidende Gesichter, mehrere Zuhörer konnten Arme und Beine nicht mehr stillhalten. Ein Zöllner gähnte einmal ungeniert, und der Herr Sekretär schlug beim Einschlafen polternd mit der Stirn auf; laut klappernd fielen ihm Pinsel, Messer und Holztäfelchen aus den Händen auf seine Sitzmatte.

Laozi schien das alles nicht zu bemerken, doch sicher muß er es bemerkt haben, denn fortan sprach er ausführlicher. Weil er aber keine Zähne mehr hatte, war seine Aussprache undeutlich. Seine Shenxi-Mundart war mit der Klangfarbe des Hunan-Dialekts vermengt, und die Silben »li« und »ni« konnte man nicht unterscheiden. Außerdem schob er gern in seine Rede ein »äh« ein. Es konnte ihn jedenfalls niemand verstehen. Und je länger sich die Zeit hinzog, desto angestrengter waren die Leute, die gekommen waren, seiner Rede zuzuhören.

Anstandshalber, meinten die Leute, müßten sie ausharren,

doch schließlich begannen sie, sich zu rekeln und zu lüm-
meln, und jeder hing seinen eigenen Gedanken nach, bis Laozi endlich sagte:

>»das Dao des weisen:
handeln ohne streit«

Darauf schwieg er, aber niemand rührte sich. Laozi wartete
eine Weile, ehe er hinzufügte: »Äh, ich bin fertig!«

Erst jetzt fuhren alle, wie aus einem tiefen Traum geweckt,
in die Höhe. Obwohl ihnen vom allzu langen Sitzen die Beine
eingeschlafen waren und sie sich nicht gleich erheben konnten, waren sie doch im Herzen so erleichtert und so froh,
als ob sie begnadigt worden seien.

Danach geleitete man Laozi in einen Nebenraum und bat
ihn, sich auszuruhen. Er trank ein paar Schluck klares, heißes Wasser und saß dann völlig regungslos in der Stille, ganz
wie eine Statue aus Holz.

Unterdessen begannen die Leute draußen, erregt zu disku-
tieren. Nicht lange danach entsandten sie vier Vertreter zu
Laozi. Nach ihrer allgemeinen Meinung habe er zu schnell
und außerdem kein besonders reines Hochchinesisch gesprochen, deshalb konnte keiner mitschreiben. Es tue ihnen sehr
leid, daß sie keine Aufzeichnung besitzen, und darum bitten
sie ihn, selbst eine Niederschrift seiner Rede anfertigen zu
wollen.

»Ich konnte überhaupt nicht verstehen, was Sie sagten!«
bekräftigte der Buchhalter.

»Das beste ist, Sie schreiben es selbst auf. Dann wäre Ihre
Schwätzerei auch nicht umsonst gewesen, nicht wahr?« füg-
te der Herr Sekretär hinzu.

Auch Laozi konnte die beiden nicht vollkommen verstehen. Aber als die beiden anderen Vertreter Pinsel, Messer und Holztäfelchen vor ihn hinlegten, begriff er, daß sie sicher seine Rede aufgeschrieben haben wollten. Er war sich darüber im klaren, daß er nicht ablehnen könnte, und deshalb erklärte er sich ohne Zögern dazu bereit. Nur heute, wandte er ein, sei es schon zu spät, morgen wolle er anfangen.

Die Vertreter zogen sich, befriedigt über das Ergebnis ihrer Mission, zurück.

Am nächsten Morgen herrschte trübes Wetter. Laozi fühlte sich innerlich nicht wohl, doch er mußte ja noch seine Rede niederschreiben, weil er so schnell wie möglich zum Paß hinaus wollte. Wollte er aber zum Paß hinaus, mußte er zuvor den Text seiner Rede übergeben. Als Laozi den Stapel der Holztäfelchen vor sich sah, fühlte er sich noch unwohler.

Mit gefaßter Miene, die sein Inneres nicht verriet, setzte er sich still hin und hob zu schreiben an. Er rief sich seinen gestrigen Vortrag ins Gedächtnis zurück, formulierte den Text und schrieb Satz für Satz nieder. Damals waren die Brillen noch nicht erfunden, und er kniff seine Greisenaugen zu Schlitzen von der Feinheit eines Fadens zusammen, was für ihn sehr anstrengend war. Rechnet man die Zeit ab, in der er heißes Wasser trank und Weizenfladen aß, schrieb er in vollen anderthalb Tagen seinen Text mit fünftausend groß gehaltenen Schriftzeichen nieder.

›Ich meine, das reicht, um durch den Paß zu gelangen‹, dachte er.

Danach nahm Laozi die Schnüre und band mit ihnen die an der Seite durchbohrten Holztäfelchen zu zwei Bänden zusammen. Auf seinen Stock gestützt, begab er sich in die Kanzlei des Guanyin Xi, um diesem bei der Übergabe des Manuskripts seine Absicht kundzutun, daß er gleich aufbrechen wolle.

Guanyin Xi dankte ihm hocherfreut für die Schrift, war jedoch zugleich zutiefst betrübt, daß Laozi so eilig aufbrechen wollte, und bat ihn, noch einige Zeit zu bleiben. Doch als er spürte, daß Laozi nicht zu bleiben gewillt war, gab er mit untröstlicher Miene nach und befahl einem Polizisten, den Büffel zu satteln. Eigenhändig entnahm er einem Regal ein Päckchen Salz, ein Päckchen Sesamkörner und fünfzehn Weizenfladen, packte alles in einen vom Zoll beschlagnahmten weißen Leinenbeutel und übergab es Laozi als Wegzehrung. Dazu erklärte er, Laozi sei so bevorzugt behandelt worden, weil er ein alter, angesehener Schriftsteller sei; als jungem Schriftsteller würden ihm nur zehn Weizenfladen zustehen.

Laozi steckte, indem er sich mehrmals bedankte, den Beutel ein, worauf sich alle vom Paßturm auf der Mauer hinunter vor das Paßtor begaben. Laozi wollte, den Büffel hinter sich her ziehend, loswandern, doch Guanyin Xi bestand darauf, daß er auf dem Büffel reite. Nach wiederholtem bescheidenem Weigern lenkte Laozi schließlich ein und ließ sich auf das Tier helfen. Dann verabschiedete er sich, manövrierte den Büffel auf die abschüssige Straße und ritt langsam davon.

Bald darauf schlug der Büffel ein schnelleres Tempo ein. Die Leute am Paßtor folgten ihm mit den Augen. Als er zwanzig, dreißig Schritte entfernt war, konnten sie immer noch das weiße Haar, den gelben Mantel, den schwarzen Büffel und den weißen Beutel erkennen, doch dann erhob sich allmählich eine Staubwolke, hinter der Mensch und Büffel, gleichermaßen grau erstarrt, verschwanden, und noch nach einer Weile sahen sie eine undurchdringliche, sich dahinwälzende gelbe Staubwolke.

Alle kehrten ins Paßhaus zurück. Wie von einer schweren Bürde befreit, rekelten und streckten sie sich und schnalzten frohlockend, als hätten sie eine Schmugglerbande gefaßt. Etliche Männer folgten Guanyin Xi in sein Büro.

»Ist das die Niederschrift?« fragte der Herr Buchhalter, der einen Holztafelband in die Höhe hielt. Beim Durchblättern stellte er fest: »Die Schriftzeichen sind ja ganz sauber geschrieben. Ich meine, wir sollten das Werk auf dem Markt verkaufen. Bestimmt wird sich jemand dafür finden.«

Der Herr Sekretär trat näher herzu, betrachtete das erste Täfelchen und las vor:

> »›sagbar das Dao
> doch nicht das ewige Dao‹

hm, immer dieselbe Leier. Davon kann man wirklich Kopfschmerzen kriegen, furchtbar ...«

»Bei Kopfschmerzen ist es das beste, ein Schläfchen zu machen«, meinte der Buchhalter und legte die Holztäfelchen hin.

»Ha! Ha! Ha! ... Ich täte nichts lieber, als ein Schläfchen machen. Offen gesagt, ich dachte, er würde uns ein paar Liebesgeschichten aus seinem Leben erzählen. Ich bin nur deswegen hingegangen. Hätte ich vorher gewußt, daß er nur solch dummes Zeug reden würde, wäre ich doch niemals auf den Gedanken gekommen, einen geschlagenen halben Tag diese Qual über mich ergehen zu lassen ...«

»Ich kann mich nur wundern, daß Sie einen Menschen so

falsch beurteilen«, wies ihn Guanyin Xi mit einem Lächeln zurecht. »Woher sollte er denn den Stoff zu Liebesgeschichten nehmen? Er hatte überhaupt niemals geliebt.«

»Wie wollen Sie das wissen?« fragte der Sekretär erstaunt.

»Da brauchen Sie sich nicht zu wundern, wenn Sie eingenickt sind und nicht gehört haben, wie er sagte: ›das Dao tut nichts, und nichts bleibt ungetan.‹ Auf diesen Mann trifft wirklich zu: ›Das Herz reicht höher zwar als der Himmel, doch das Leben ist so dünn wie ein Papier.‹ Wenn er verlangt: ›nichts bleibt ungetan‹, bleibt ihm nichts weiter als ›nichts tun‹. Wenn er erst eine liebt, muß er gleich alle lieben, wie könnte er sich dann noch verlieben, ja, wie könnte er es wagen, sich dann noch zu verlieben? Betrachten Sie doch den Fall einmal an sich selbst: Sie brauchen jetzt nur ein stattliches Mädchen, ganz gleich, ob hübsch oder häßlich, zu sehen, und Ihre Augen bekommen einen süßen, gierigen Glanz, als wäre es schon Ihre eigene Frau. Doch ich fürchte, wenn Sie einmal eine Frau heiraten, werden Sie sich noch moralischer als unser Herr Buchhalter geben.«

Draußen vor dem Fenster erhob sich ein Windstoß. Alle schienen leicht zu frösteln.

»Wo wollte der Alte eigentlich hin, und was hatte er vor?« Der Herr Sekretär nutzte gleich die entstandene Pause, um Guanyin Xi das Wort abzuschneiden.

»Aus seinen Worten ging hervor, daß er in das Land des Treibsands wollte«, antwortete kühl Guanyin Xi. »Wir werden sehen, ob er dorthin gelangen kann. Da draußen gibt es weder Salz noch Mehl, selbst Wasser läßt sich kaum auftreiben. Ich denke, der Hunger im Bauch wird ihn früher oder später wieder zu uns führen.«

»Dann wollen wir ihn nochmals bitten, ein Buch zu schreiben«, meinte der Herr Buchhalter freudig erregt. »Es würde uns allerdings zu viel Weizenfladen kosten. Wir müßten ihm erklären, der Grundsatz sei inzwischen dahingehend abgeändert worden, daß nunmehr die jungen Schriftsteller zu fördern sind. Für zwei Bände Manuskript wären dann auch fünf Weizenfladen ausreichend.«

»Das wird sicher nicht gehen. Er wird unzufrieden sein und sich aufregen.«

»Wer wird sich aufregen, wenn der Magen knurrt?«

»Ich fürchte vielmehr, daß niemand so etwas lesen wird«, ließ sich der Sekretär vernehmen und machte eine abwägende Handbewegung. »Wir würden nicht einmal das Honorar von fünf Weizenfladen herausbekommen. Zum Beispiel, wenn seine Worte zutreffen würden, müßte unser Chef sein Amt als Paßvorsteher niederlegen, denn dann tut er nichts mehr, und nichts ist ungetan, und er würde so ein unübertrefflich großer Mann werden . . .«

»Das ist gar nicht entscheidend«, warf der Herr Buchhalter ein, »Leser werden sich schon finden. Haben wir denn nicht sehr viele aus dem Dienst ausgeschiedene Paßbeamte und zurückgezogen lebende Gelehrte, die noch nicht als Paßbeamte gearbeitet haben? . . .«

Draußen vor dem Fenster erhob sich ein Windstoß und wirbelte eine gelbe Staubwolke auf, die den halben Himmel verhüllte. In dem Moment sah Guanyin Xi nur noch, daß vor dem Tor viele Polizisten und Späher standen und verständnislos dieser Unterhaltung zuhörten.

»Was steht ihr blöd herum?« brüllte er sie an. »Es dämmert. Ist das nicht die beste Zeit für die Schmuggler, über die Mauer zu klettern, um Steuern zu hinterziehen? Marsch, auf den Posten!«

Die Männer vor dem Tor liefen auseinander, wie eine Rauchwolke verweht. Die Männer im Büro sprachen kein Wort mehr. Der Buchhalter und der Sekretär gingen hinaus. Guanyin Xi wischte mit dem Ärmel seines Gewandes den Staub vom Tisch und legte die beiden Bände geschriebener Holztäfelchen in das Regal, in dem Salz, Sesamkörner, Leinen, Sojabohnen, Weizenfladen und andere beschlagnahmte Waren gehortet wurden.

Dezember 1935

Ror Wolf
Lautlosigkeit

Lemm sah in der großen Lautlosigkeit der Natur einen Vogel fliegen. Die Flügelbewegung war unbedeutend und im Grunde kaum wahrzunehmen, das Gefieder war ziemlich düster. Der ganze Vogel, sagt Lemm, war eigentlich nur ein unbeschreiblicher dunkler Fettklumpen. Auch Wobser sah einen Vogel fliegen. Sein Flug, sagt Wobser, war lautlos gebogen, wunderbar falkenartig oder schwalbenartig. Auch Klomm sah einen Vogel fliegen, konnte aber, wie wir es von ihm gewohnt sind, keine näheren Angaben machen. Er erwähnt nur die Lautlosigkeit dieses Vorgangs. Scheizhofer erwähnt die Lautlosigkeit nicht. Der Vogel, von dem Scheizhofer spricht, saß schwarz und dünn auf einem blattlosen Baum und schrie. Sein Geschrei ähnelt einem Gurgeln. Ich habe versucht, sagt Scheizhofer, dieses Gurgeln zu beschreiben und das Beschriebene zu notieren, lese jedoch in den Werken anderer Forscher, daß kein einziger von ihnen das Gurgeln gehört haben will, alle anderen Forscher, Schwenk zum Beispiel und Kalwar, sprechen von einer großen Lautlosigkeit. Nagelschmitz berichtet von einem Vogel, der sich in einem Caféhaus dicht neben ihn setzte, sehr aufrecht, mit eingezogenem Hals. Auch Nagelschmitz erwähnt die Lautlosigkeit dieses Vorgangs. Nach einer Weile schwebte der Vogel an den Caféhauswänden entlang, die er zuweilen mit der Spitze des Schnabels berührte. Etwa zur gleichen Zeit beschrieb Netzenstein die Bewegungen eines rabenartigen Vogels, er beschrieb sein Hacken, sein zuckendes Rupfen, sein Heraus-

rupfen von etwas aus etwas, und zwar alles in einer unerklärlichen, beinahe furchterregenden Lautlosigkeit. Ramm
beschrieb wenig später eine Reihe kleiner kurzer Bewegungen in der Luft, ein Vorüberzucken, sagt Ramm, ein lautloses
Vorüberschießen. Eher beiläufig erwähnt Ramm die grob
zerbissenenen Kirschenreste auf dem Küchenboden, die Re-
ste der Kerne und die mit Blut bespritzten Fensterscheiben.
Der Vogel, von dem Jorgenzeitz schreibt, flog schwach und
ganz langsam durch seine Beschreibung, er hing eine Zeitlang
grün in der Luft, in den Gebüschen und zwischen den schlaf-
fen Blättern, in dieser entsetzlichen Lautlosigkeit, von der
Masal behauptet, daß sie nur eine Täuschung sei, eine vor-
übergehende Laune der Natur. Masal behauptet, an einem
schwärenden Abend nicht nur *einen* Vogel, sondern etwa
zehntausend Vögel in der hohen Luft gesehen zu haben, flü-
gelschlagend dahinschwebend. Das sei, sagt Masal, ein groß-
artiger Anblick gewesen, ein unvergeßlicher Anblick, sagt
Masal, und eine unbeschreibliche Stille. – Ich allerdings bin
der Meinung, daß eine solche Lautlosigkeit nicht nur entsetzlich, sondern letzten Endes auch unvorstellbar ist. Über
die ungeheure Masse der Vögel, die Mauch im äußersten Süden entdeckt haben will, möchte ich gar nicht erst sprechen.
Mauch berichtet von lautlos hinabstürzenden Felswänden,
von ins Meer hinabstürzenden Felswänden, von der Gewalt,
vom Gewicht der Vögel geräuschlos ins Meer hinabstürzenden Felswänden. Ich glaube das nicht. Ich bin sicher, daß
Mauch sich täuscht. – Immerhin: aus allen diesen Beispielen,
aus allen Behauptungen, aus allen Mitteilungen, Aufzeichnungen, Wahrnehmungen, Bemerkungen, Beschreibungen, aus allen Äußerungen der genannten Beobachter, Lemm, Klomm,
Wobser, Scheizhofer, Nagelschmitz, Netzenstein, Collunder,

Ramm, Moll, Mauch, Masal, Schwenk, Kalwar und Jorgenzeitz, um nur einige von ihnen namentlich zu erwähnen, ergibt sich das Gesamtbild dieses Artikels, den ich der Einfachheit halber mit der Überschrift *Lautlosigkeit* versehen habe.
Ich würde diesen Fall gern mit einer Schlußbetrachtung be-
enden, wenn ich nicht zu befürchten hätte, daß gerade in
diesem Moment, hier, in meinem Studierzimmer, Millionen
von eng aneinandergedrückt sitzenden Vögeln sich plötzlich
mit einem ungeheuren Geräusch erheben würden, um sich
auf mich zu stürzen und alle weiteren Worte wie Kirschkerne
zu zerbeißen.

Rose Ausländer
Insomnia II

Ich gehe im Bett spazieren, besteige eine Wand nach der andern. Vier Wände, das ist zu wenig, um eine Nacht totzuschlagen. Auch auf der Zimmerdecke ergehe ich mich und lasse den Kopf hängen. Dann kommen die Möbel an die Reihe. Der Schrank mit den verschiedenen Fächern ist abwechslungsreicher als der eintönige Tisch und die leeren Stühle. Auf dem Lüster lasse ich mich eine Stunde lang nieder. Die Nacht wird hell auf meiner Haut. Aber auf die Dauer ist ihre mechanische Wärme langweilig. Im Spiegel bin ich ein Neger, der mich traurig anblickt. Die Koffer sind verschlossen, ich kann die Schlüssel nicht finden. Mir bleibt nur noch das Radio, in das ich mich verkrieche. Stimmen sprechen mich an. Die ruhigste meldet eine Katastrophe nach der andern. Ich bin mit der Welt in Verbindung.

Samuel Beckett
Texte um Nichts

Nur die Worte zerreißen die Stille, alles andere schweigt nun. Wenn ich schweige, würde ich nichts mehr hören. Aber wenn ich schweige, würden die anderen Geräusche wieder beginnen, für die mich die Worte taub machten, oder die wirklich aufhörten. Ich schweige aber, das kommt vor, nein, nie, nicht eine Sekunde. Ich weine auch, unaufhörlich. Es ist eine ununterbrochene Flut von Worten und Tränen. Das alles ohne Überlegung. Aber ich spreche leiser, jedes Jahr etwas leiser. Mag sein. Auch langsamer, jedes Jahr etwas langsamer. Mag sein. Es ist mir nicht ganz klar. Die Pausen wären demnach länger, zwischen den Worten, den Sätzen, den Silben, den Tränen, ich verwechsele sie, Worte und Tränen, meine Worte sind meine Tränen, meine Augen mein Mund. Und ich müßte bei jeder kurzen Pause hören, ob es die Stille ist, wie ich sage, indem ich sage, daß nur die Worte sie zerreißen. Eben nicht, es ist immer das gleiche rauschende Raunen, ohne Pause, wie ein einziges endloses und folglich sinnloses Wort, denn das Ende verleiht den Worten ihren Sinn. Mit welchem Recht also, nein, diesmal merke ich, wohin es führt, und ich halte inne, indem ich sage, Mit gar keinem, mit gar keinem. Aber ich setze sie fort, die alte dumme Klage, und stelle mir, und zwar bis ans Ende, eine neue Frage, die älteste, nämlich, ob das immer so war. Nun ja, ich werde mir etwas sagen (wenn ich es kann), das hoffentlich verheißungsvoll für die Zukunft ist, nämlich, daß ich beginne, überhaupt nicht mehr zu wissen, wie es sich ehemals abspielte (ich habe es gekonnt), und unter ehemals verstehe ich anderswo, die Zeit ist Raum geworden, und es wird keine mehr geben, solange ich hier nicht raus sein werde. Ja, meine Vergangenheit hat mich hinausgeworfen, ihre Gitter haben sich geöffnet, oder ich bin selbst ausgebrochen, vielleicht unterirdisch. Um mich eine Weile frei in einem Traum von Tagen und Nächten herumzuschleppen, träumend, ich ginge, von Jahreszeit zu Jahreszeit, auf eine letzte zu, wie ein Lebender, bevor ich plötzlich hier wäre, ohne Erinnerung. Von da an nichts mehr als Einbildungen und die Hoffnung, mir eine Geschichte zu ersinnen, von irgendwoher gekommen zu sein und dahin zurückkehren oder eines Tages fortfahren zu können, oder aber ohne Hoffnung. Ohne welche Hoffnung, ich habe es gerade gesagt, die, mich lebendig zu sehen, und nicht nur in einem eingebildeten Kopf, ein dem Sand geweihter Kieselstein, unter wechselndem Himmel, und ein wenig den Platz wechselnd, jeden Tag, jede Nacht, als ob das helfen könnte, weniger zu werden, immer weniger, ohne jemals zu verschwinden. Nein wahrhaftig, einfach irgend etwas, ich sage einfach irgend etwas, in der Hoffnung, eine Stimme zu verschleißen, einen Kopf zu verschleißen, oder ohne Hoffnung, ohne Grund, einfach irgend etwas, ohne Grund. Aber das wird enden, es wird eine Endung kommen, oder, noch besser, der Atem wird ausgehen, es wird die Stille sein, ich werde wissen, ob es eine Stille gibt, nein, ich werde niemals etwas wissen. Aber hier rauskommen, das wenigstens. Ich weiß nicht. Und daß die Zeit wiederkehre, der Himmel, die Schritte auf der Erde, die Nacht, die man dummerweise in der Frühe herbeiruft, und der Morgen, den man abends beschwört, nicht mehr anzubrechen. Ich weiß nicht, ich weiß nicht, was das heißen soll, der Tag und die Nacht, die Erde und der Himmel, die Rufe und die Beschwörungen. Und ich kann sie ersehnen? Wer sagt denn, daß ich sie ersehne, die Stimme sagt es, und daß es unmöglich ist, daß ich etwas ersehne, das scheint sich zu widersprechen, ich für mein Teil habe keine Meinung. Ich, hier, wenn sie sich auftun könnten, diese kleinen Worte, mich verschlingen und sich wieder schließen könnten, das ist es vielleicht, was gerade geschehen ist. Sie sollen sich also von neuem auftun und mich hinauslassen, in den Wirbel des Lichts, das meine Augen versiegelte, und der Menschen, damit ich versuche, von neuem einer zu sein. Oder man soll mich begnadigen, wenn ich schuldig bin, und mich sühnen lassen, in der Zeit, auf und ab gehend, jeden Tag etwas reiner, etwas abgestorbener. Denken zu wollen, das ist mein Fehler, einer meiner Fehler, selbst auf diese Weise, so wie ich bin, dürfte ich es nicht können, auch auf diese Weise nicht. Wen habe ich nur so schwer beleidigen können, daß ich auf diese unbegreifliche Weise bestraft werde, alles ist unbegreiflich, Raum und Bewußtsein, falsch und unbegreiflich, Leiden und Tränen, bis zu dem alten, paroxysmalen Schrei, Ich bin es nicht, ich kann es nicht sein. Leide ich eigentlich, ob ich es nun bin oder nicht, Hand aufs Herz, gibt es Leiden? Hier gibt es doch keine Freimütigkeit, was ich auch sagen mag, es wird falsch sein, und es wird übrigens nicht von mir sein, ich bin hier nur eine Bauchrednerpuppe, ich fühle nichts, ich sage nichts, er hält mich in seinen Armen und bewegt meine Lippen mit einer Schnur, mit einem Angelhaken, nein, Lippen sind nicht nötig, alles ist dunkel, es ist niemand da, wo habe ich bloß den Kopf, ich habe ihn in Irland lassen müssen, in einer Kneipe, er muß noch dort sein, mit der Stirn auf der Theke, mehr hatte er nicht verdient. Aber der andere, der ich bin, blind, taub und stumm, Grund dafür, daß ich hier bin, Grund dieser schwarzen Stille, Grund dafür, daß ich mich nicht mehr bewegen und nicht mehr glauben kann, diese Stimme sei meine. In ihm muß ich mich bis zu meinem Tode verstellen, für ihn bis dahin versuchen, nicht mehr zu leben, in dieser grabähnlichen Gruft, die seine sein soll. Wobei ich doch weiß, daß ich vor Sterblichkeit platze, dort oben, irgendwo in Europa wahrscheinlich, unterm saugenden und drückenden Himmel, jeden Tag etwas mürber, wie gestern in der Pumpe der Gebärmutter. Nein, es gesagt zu haben, überzeugt mich vom Gegenteil, ich bin nie auf die Welt gekommen, ebenso wenig wie er, das ist eben die ganz negative Schönheit der Sprache, deren Negationen leider dasselbe Schicksal erleiden, was eben ihre Häßlichkeit ist. Den Moment gut wählen und schweigen, sollte dies das einzige Mittel sein, Dasein und Heimat zu haben? Aber ich bin hier, das zumindest ist gewiß, ich kann es noch so oft sagen und wiederholen, es bleibt wahr. Es ist mir nicht ganz klar. Weniger wahr, weniger gewiß, als wenn ich sage, ich sei auf Erden, zur Welt gekommen und mir sei zugesagt, sie zu verlassen, darum sage ich es geduldig variierend, versuchend zu variieren, denn man kann nie wissen, es handelt sich vielleicht nur darum, auf das richtige Aggregat zu stoßen. Um endlich nicht mehr hier zu sein, niemals hier gewesen zu sein, sondern seit all der Zeit dort oben, mit einem Namen wie ein Hund, damit man mich rufen kann und mit besonderen Kennzeichen, damit man mich ausfindig machen kann, während die Brust sich von selbst füllt und leert und nach der großen Apnoe lechzt. Das richtige Aggregat, davon gibt es doch vier Millionen mögliche, besser wahrscheinliche, nach Aristoteles, der alles wußte. Aber was sehe ich, und womit, ein weißer Stock und ein Hörrohr, wo denn, auf der Place de la

République, zur Pernodstunde, das wollen wir uns mal näher ansehen, ich bin vielleicht endlich da. Der in Ohrhöhe schwebende Schalltrichter gleicht plötzlich einer Dampfsirene, wie jene, die meinen steamers gestattet, in den Nebel zu stechen, mit halber Fahrt, das dürfte die Epoche bestimmen, auf etwa fünfzig Jahre genau. Der Stock tastet sich vor und stößt mit seinem beschlagenen Ende an die edlen Grundmauern der Magasins Réunis, es ist wahrscheinlich Winter, jedenfalls nicht Sommer. Ich erblicke, wenn ich mich etwas anstrenge, ebenfalls verschwommen, eine Melone, die man leider eine lächerliche Synthese von all denen nennen könnte, die mir nie gestanden haben, und an der anderen Extremität, ebenfalls verdächtige, zerrissene und klaffende gelbe Halbschnürstiefel. Diese Insignien, wenn ich so sagen darf, bewegen sich gleichzeitig, wie durch das althergebrachte menschliche Bindemittel verbunden, voran, halten an und ziehen, durch die breiten Schaufenster bestätigt, weiter. Das Niveau des Hutes, und folglich des Hörrohrs, verheißt mir ein wenig Zukunft als Zwerg oder zumindest als Buckliger. All das steht mir frei, all das ist verlockend. Werde ich da hineinschleichen, werde ich versuchen, meine Traumgebrechen noch einmal davon profitieren zu lassen, damit sie Fleisch werden und, sich verschlimmernd, um diesen grandiosen Platz kreisen, den ich vielleicht mit dem Bastille-Platz verwechsele, bis sie würdig für den nahen Père-Lachaise-Friedhof befunden werden, oder, besser noch, beim Versuch, die Straße zur Vesperstunde zu überqueren, vorzeitig Linderung finden. Nein, die Antwort lautet nein, denn beim Kreisen, und sogar im höchstpathetischen Moment des Ausstreckens der Hand, oder des Hutes, ohne vorherigen Gesang oder irgendein anderes Zugeständnis an die Eigenliebe, auf der Terrasse eines

Cafés oder in einem Metroschacht, wüßte ich, daß ich es nicht bin, wüßte ich mich hier, bettelnd in anderer Stille, in anderer Finsternis, um ein anderes Almosen, nämlich das, zu sein oder aber, noch besser, aufzuhören, ohne gewesen zu sein. Und die vergebens alte Hand würde den Obolus fallen lassen, und die alten Füße würden wieder weitergehen, zu einem noch vergeblicheren Tod als dem von irgendwem.

Rainer Maria Rilke
Fragment von den Einsamen

EINGANG.
Ist es eine Frage?
Ja, eine Frage.

Ich liebe diese Stunde, die anders ist, kommt und geht. Nein, nicht die Stunde, diesen Augenblick liebe ich, der so still ist. Diesen Anfangs-Augenblick, diese Initiale der Stille, diesen ersten Stern, diesen Anfang. Dieses Etwas in mir, das aufsteht, wie junge Mädchen aufstehn in ihrer weißen Mansarde. In der weißen Mansarde, in der sie wohnen, seit sie erwachsen sind. (O das kam eines Tages und da verwandelte sich das ganze Haus.) Nun aber ist die weiße Mansarde das Leben und wenn man am Morgen an das immer offene Fenster tritt, so sieht man die Welt. Große Bäume sieht man, die immer noch wachsen, Vögel sieht man und große Zweige schwanken von ihrem Abflug und es ist als wäre der Wind in einem Tier und in den Stämmen die Stille.

Ich liebe diesen Wind, diesen weiten verwandelnden Wind, der dem Frühling vorangeht, ich liebe das Geräusch dieses Windes und seine ferne Gebärde, die mitten durch alle Dinge geht als wären sie nicht.

Diese Nacht liebe ich. Nein, nicht diese Nacht, diesen Nachtanfang, diese eine lange Anfangszeile der Nacht, die ich nicht lesen werde, weil sie kein Buch für Anfänger ist. Diesen Augenblick liebe ich, der nun vorüber ist und von dem ich, da er verging, fühlte, daß er erst sein wird. – Völker ihr seid vorbei, Könige ihr seid Grabsteine, Berge und bronzene Bilder und wer weiß noch von euch, Frauen, wenn ihr gestorben seid. Wie lange wird es noch dauern und man vergißt die Geschichte; denn einmal kommt das große Ausräumen der Gedächtnisse und dann wird, wie aus alten Schubladen, alles ins Feuer geworfen werden, Briefe, Bilder, Bänder und Blumen. Ihr großen Ereignisse, ihr Schlachten und Friedensschlüsse, ihr Fügungen und Zufälle und ihr, Begegnungen, Gesten und entfernte Gestalten, ihr seid vergangen wie die Gastmähler, die vor Geladenen vergehn, wie die Feste, zu denen Unfestliche sich zusammenfinden, wie die Abendandachten der Gottgewohnten. Vor vielen habt ihr euch vollzogen, wie das Spiel auf der Schaubühne, das zu einer gewissen Stunde enden muß und nichts sein. Vor ihnen allen, vor Hunderten von Neugierigen, habt ihr getanzt, den nackten Bauchtanz und die Schleiertänze des Schicksals und wie die Zauberer, die man auf den Märkten sieht, so wart ihr voll heimlicher Taschen und Überraschungen. Hättet ihr wenigstens Schlangen gehabt, Giftschlangen, in der Furcht eurer Flöten; Schlangen mit einem großen Gift, davon ein Tropfen genug ist, um Geschlechter zu töten bis ins siebente Glied, – aber es hüpfte soviel harmloses Getier zu euerem Takte. Kartenschläger wart ihr, die das bißchen Gestern, das sie unredlich erschlichen hatten, umdrehten, es von hinten lasen wie ein armsäliges, einsilbiges Wort und beteuerten: so hieße die Zukunft. Man möchte euch, ihr gewesenen Schatten und Schicksale, unter die Dirnen zählen, und nichteinmal unter die größten; denn ihr seid alt geworden wie die Lustmädchen, denen ihr Leib ein geringes Gewerbe ist und ein billiges Trinkglas; ihr hattet ein langes Leben unter der Schminke und da schon alle euch genossen hatten, ihr Abgestandenen, und ihr immer noch lebtet, so wartetet ihr, daß die Knaben heranwüchsen, und begegnet ihnen in der Dämmerung, bis sie Lust zu euch hatten, die Hülflosen. Wie eine Seuche wurdet ihr, ihr großen öffentlichen Ereignisse, weitergegeben von Blut zu Blut und verdorben habt ihr die Säfte der Männer und das Dunkel der Gebärmutter habt ihr mit bangen Bildern erfüllt. Ihr, die ihr schon vergangen wart, da ihr geschaht, ihr über und übervergangenen Vorgänge, ihr Historienbilder des Herzens, hängt euch nichtmehr an jene, die leben; denn ihr seid Lügen und Leblose, Leichname seid ihr voll Gift, Schwere und Fäulnis. Ihr Gemeinsamkeiten aus gestern und vorgestern, es war nicht *mehr* Wirklichkeit in euch als in allen den Gemeinsamkeiten von heute, die Mißverständnisse sind, Ermattungen und Meineide. Welcher Knabe, der sich vor seinen Eltern zurückzog und zuschloß, welches Mädchen, das auf den Gartenwegen lachend seine Freundinnen kommen hörte, hat nicht einen Herzschlag lang gewußt, daß es keine gemeinsamen Erlebnisse giebt und daß man nur Trennungen teilen kann und Abschiede. Aber mehr als alle Umgebung, mehr als des Alltags leise geneigte Fläche hat das Zureden jener festlichen und fernen Einstimmigkeiten, mit welchen alle Überlieferungen angefüllt sind, die klar Erwachenden irre gemacht und beschlagen. Wie wund muß die harte, fortwährende Erfahrung diese weichen Werdenden gerieben haben, wenn sie bewies, daß die Einsamen nichts sind und daß man sich, wenn sie nicht rechtzeitig mit der Weisheit ihrer Wüsten angetan, unter die Leute zurückkommen, über sie fort verständigt, wie über Gräber hin. Schon wagt man kaum mehr, darüber zu weinen, daß sie fast alle zurückgekehrt sind, ihr jahrelanges Schweigen wegschenkend in den Worten eines Abends, mit einer Gebärde ihrer heilenden Hand ihre gesammelte Seele ausstreuend, die unsagbar war. Im Klang ihrer Stimme, in einem Heben und Senken des Kinns, in einem unscheinbaren Lächeln, das keiner bemerkt hat, rinnen sie hin in das Nichts, während Worte, welche sie selber nicht meinen, in die Menschen eingehen und Staaten stiften. Und sie, die Einsamen, die fortgegangen sind, weil auf der ganzen Welt keiner war, der sie begriff, sie sind jetzt die Verständlichsten, der Gemeinplatz, auf dem alle zusammenkommen. Eine Bewegung entsteht, eine Welle wächst an, die ihren Namen (*ihren* Namen, ach, irgendeinen sinnlosen, abgefallenen Namen) trägt, hochträgt, tiefträgt, ländet. Und von dieser Welle reden sie alle. Und von dieser Welle steht in den Büchern geschrieben. Und dieser Welle leerer schmetternder Lärm lebt in den Herzen der Menschen.

Aber auch von jenen anderen Einsamen, die nicht zurückgekommen sind, wissen wir nichts. Man hat sie in ihren vergessenen Gräbern gesucht; die Talismane hat man aus ihren zerfallenen Fingern genommen, die Blumen-Blätter aus ihrem offenen Munde geholt und die Balsambüchsen, die bei ihrem Herzen standen, hat man erbrochen. Und das Geräusch dieses Diebstahls ist weitergegeben worden, als ob es die Legende vom Leben jener Toten wäre; denn dieses Leben, das in Wirklichkeit einsam vergangen war, sollte mit einer Zeit verknüpft werden, sollte ein Leben unter vielen scheinen, ein kleines Glied in einer wirren Kette. Denn so will es die Menge.

Sie will nicht, daß es Einsame giebt; schließ dich ein und sie wird sich sammeln vor deiner Tür wie vor der Tür eines Selbstmörders. Geh in den öffentlichen Gärten die kleinen Seiten-Alleen auf und nieder und sie wird auf dich mit den Fingern weisen. Sprich nicht zu deinem Nachbar, wenn er vor seiner Tür sitzt, geh gesenkten Hauptes an ihm vorbei, weil der Abend dich still macht, und er wird dir nachsehen und wird seine Frau oder seine Mutter rufen, damit sie käme, dich mit ihm zu hassen. Und es kann sein, daß seine Kinder dir Steine nachwerfen und dich verwunden.

Schwer haben es die Einsamen.

Die Eltern erschrecken, wenn sie an ihren Kindern die leise Neigung entdecken, allein zu sein; unheimlich scheinen ihnen jene scheuen Knaben, die schon frühe ihre eigenen Freuden haben und ihr eigenes Leid; Fremde sind sie in der Familie, Eindringlinge und feindliche Beobachter, und der Haß gegen sie wächst von Tag zu Tag und ist schon ganz groß wenn sie noch klein sind. So fangen Leben an, Schicksale beginnen so in der Tiefe der Tränen, jene Schicksale, welche uns nicht überliefert sind, weil das Gespräch einer Dienstmagd oder das Knattern eines Wagens sie übertönt. Stellt euch nur vor jenes Fenster; ich fühle doch, daß dahinter in unendlicher Bangnis ein Leben aufschluchzt, das zur Einsamkeit steigt wie ein steiler Weg. Lacht nur in jenem Haus und schlagt mit den Türen; ich höre doch das Herz eines Mädchens, das Angst hat, wie eine große Glocke schlägt es in mir. Ich kann nicht hinaustreten in die Nacht, ohne von allen den jungen Menschen zu wissen, die wachen; der Klang, mit dem ihre Fenster aufgehen, zittert in mir, die vorsichtigen und bangen Gebärden ihrer Hände rühren sich in den meinen. Ich wünsche mich nicht zu ihnen hin, denn was könnte ich ihnen sagen, das mehr wäre als ihr Schmerz oder erhabener als ihr Schweigen. Ich störe sie nicht. Aber ich bin ganz davon erfüllt, daß das Leben jener Einsamen eine von den großen Kräften ist, die auf mich wirken aus der Tiefe der Nacht. Sie erreichen mich, sie verwandeln mich, und es giebt

Stellen in mir, die ganz hell sind und still in dem Lichte liegen, das von ihnen ausgeht.

Ich glaube nicht, daß es noch eine andere Gemeinsamkeit giebt, oder eine Berührung, die näher ist. Aber ich denke, wenn diese jungen Menschen, die einsam sind, so auf mich einstrahlen und einströmen aus den fremden Fernen der Nacht, obwohl sie nichts tun als traurig am Fenster stehn, welche Gewalt müssen gewisse Einsame über mein Leben haben, die froh sind und voll innerer Handlung? Und es ist mir, als wäre es für diese Einflüsse gleichgültig, ob die Einsamen, welche sie wirken, im Leben sind oder Namen unter den Toten. Weiß man es nicht, daß des Einsamen Schicksal in anderer Richtung vergeht als die von der Zeit ergriffenen Schicksale der Menge? Es fällt nicht schwer zurück ins Vergangene, sein Geschehen ist kein Ende und keine Ermüdung folgt ihm nach; des Einsamen Tat, ja sein Lächeln sogar, sein Traum und seine geringste Gebärde stehen auf, wie Ausgeruhtes aufsteht, und gehn in die Zukunft hinein, gehn ohne Ende. Sollte man es wirklich vergessen haben, daß der Atem der Einsamen uns umgiebt, daß das Rauschen ihres Blutes wie ein nahes Meer unsere Stille erfüllt, daß ihre schweren Stunden Gestirne und Stern-Bilder sind in unseren dunkelsten Nächten.

Wenn es einmal irgendwo einen Schaffenden gegeben hat (und ich rede von den Schaffenden, weil sie zu den Einsamsten gehören) der in Tagen unsäglicher Sammlung die Welt eines Werkes schuf, kann es sein, daß dieses Lebens Fortschritt und Ferne uns verloren gegangen ist, weil die Zeit seines Werkes Gestalt zerschlagen hat, weil wir es nicht besitzen? Spricht nicht vielmehr die sicherste Stimme in uns davon, daß der Wind, der in dem werdenden Werke war, über seine Ränder hinaus gewirkt hat auf Blumen und Tiere, auf Niederschläge und Neigungen und auf die Geburten der Frauen? Wer weiß, ob nicht dieses Bild, diese Statue oder jenes vergangene Gedicht nur die erste und nächste unter vielen Verwandlungen war, die des Handelnden Kraft im Augenblicke ihrer Verklärung vollzog? Die Zellen entlegener Dinge haben sich vielleicht nach den entstehenden Rhythmen geordnet, der Anlaß zu neuen Arten war da, und es ist nicht unmöglich, daß wir anders geworden sind durch die Macht eines einsamen Dichters, der vor Hunderten von Jahren gelebt hat und von dem wir nichts wissen. Oder giebt es jemanden, der im Ernste meint, eines Heiligen Gebet, der unsäglich verlassene Sterbetag eines Kindes oder die Einzelhaft eines großen Verbrechers könnten so zergangen sein wie ein Ja und ein Nein oder wie der Lärm einer Türe, die zufällt?

Ich glaube, daß alles, was wirklich geschieht, ohne Todesfurcht ist; ich glaube, daß die Willen langvergangener Menschen, daß die Bewegung, mit der sie ihre Hand in einem gewissen bedeutungsvollen Augenblick öffneten, daß das Lächeln, mit welchem sie an irgend einem fernen Fenster standen, – ich glaube, daß alle diese Erlebnisse von Einsamen in fortwährenden Verwandlungen unter uns leben. Sie sind da, vielleicht etwas abgerückt von uns nach der Seite der Dinge hin, aber sie sind da, gleich wie die Dinge da sind, und wie sie ein Teil unseres Lebens.

Marie Luise Kaschnitz
Beschreibung eines Dorfes

Am nächsten Tag, meinem achten Arbeitstag, werde ich über den Friedhof schreiben, über die kleinen Nummern auf den Gräbern, über die Namen, die sich immer wiederholen, Maier, Hermann, Mangold, Schmutz, Koch, Weber, Schweizer, Mörder, Gutgesell.

Ich werde eine kleine Skizze zeichnen, in der Mitte das Grab eines alten Pfarrers und die vier (nicht mehr vorhandenen) Linden

rechts am Ende des Querwegs die kleine Kapelle himmelblau ausgemalt und mit Sternen und links das Familiengrab der Bewohner des Hauses Nr. 84, und die beiden schönen Trauerbäume, die an dieser Stelle die Mauer überragen

ich werde versuchen, den Grabstein des alten Reiters wiederzugeben, Wappen und Helmzier, Dachsparren und Rosen und den springenden Steinbock im Wappen seiner Frau; dabei werde ich mich an die Beerdigung des alten Reiters erinnern

an den arabischen Schimmel, der ohne Sattel hinter dem Leichenwagen hertänzelte und wie eben dieser Schimmel den Reiter auf die Höhen des winterlichen Gebirges trug, ich werde erwähnen

daß der Reiter gar nicht hier begraben sein wollte, sondern bei den Soldaten seines Regiments, während sein Schwiegersohn, der dritte, von weit hergekommene, gerade dieses gewünscht hat, zwischen den Einwohnern des Dorfes, auf der schönen Anhöhe zwischen Tal und Tälchen wie auf einem Schiff in den Westhimmel segeln

auch den Grabstein dieses Schwiegersohnes werde ich zu zeichnen versuchen, seine fremdartig sich von dem roten Sandstein abhebenden parthenonischen Reitergestalten in ihrer ewigen Jugend

und die Mauer, die der Herr Matern, der Sohn des Reiters, um die Gräber der Familie gezogen hat und über die sich seine Schwestern, die zwei, die damals noch am Leben waren, sehr aufgeregt haben

die aber jetzt schon mit wildem Wein und Rosen üppig und schön überwachsen und auch nicht so hoch geworden ist, wie es ursprünglich beabsichtigt war, so daß man über sie hinweg die Rheinebene und die Burg Staufen sehen kann, und die beiden roten Sandsteine ragen über sie hinaus

auch die zweite rote Sandsteinplatte werde ich beschreiben, das romanische Kapitell und die eingemeißelte Gedichtzeile und sagen, daß unter diesem Grabstein die junge zweite Frau des Herrn Matern liegt, deren Glieder, Augen, Stimme, Atem gelähmt waren, die fünf Wochen lang an einem Scheinleben erhalten wurde und ohne Besinnung starb

ferner das kleine Urnengrab, das vor kurzem über den Gebeinen des Reiters und seiner Frau ausgehoben worden ist und das die Asche der zweiten Schwester des Herrn Matern enthält. Ich werde versuchen, die blasse und liebliche junge Frau, die leidenschaftliche und poetische Schwester und den unter den griechischen Reitern ruhenden Schwager zu schildern, was aber wohl über meine Kraft gehen wird, weswegen ich nur noch erzähle, daß neuerdings zu Weihnachten auf dem Friedhof Lichter angezündet werden

Lichter, die des Westwindes wegen oft unruhig brennen oder sofort erlöschen

Lichter an Tannenbäumen, die an einzelnen Stellen, wie zum Beispiel auf der Grabstätte des Hauses Nr. 84, schon so etwas wie ein Gehölz bilden, einen kleinen flammenden Wald.

Robert Walser
Das Grab der Mutter

An einem Sonntag, gegen Abend, ging ich zum Friedhof, der nur wenige Schritte von dem Ort entfernt liegt, wo ich wohne. Es hatte kurz vorher geregnet, es war daher alles noch feucht, der Weg, die Bäume. Ich kam in den Totenhof hinein zu den alten, stillen, heiligen Gräbern, und hier empfing mich wie mit süßen, lieben, keuschen Armen ein so schönes, frisches Grün, wie ich es nie gesehen. Leise schritt ich auf dem kiesbelegten Wege vorwärts. Es war alles so still. Kein Blatt bewegte sich, nichts regte und rührte sich. Es war, als lausche alles. Wie wenn das Grün die ringsverbreitete Feierlichkeit empfinde und über das uralte und immer wieder junge Rätsel vom Tod und vom Leben in ein langes und tiefes Sinnen versunken sei, hing es und lag es da in seiner feuchten, wunderbaren Schönheit. Ich habe nie so etwas gesehen. Gewaltig mußte es mich ergreifen, zu sehen, wie der Ort des ernsten Todes und des Schweigens für immer so süß, so grün, so warm war. Kein Mensch außer mir ließ sich erblicken. Außer dem Grün und den Grabsteinen war nichts da. Ich wagte kaum zu atmen in all dieser Lautlosigkeit, und mein Schritt kam mir frech und unzart vor mitten in all dem heiligen, ernsten und zarten Schweigen. Unendlich freundlich und lieblich hing das reiche Grün eines Akazienbaumes über ein Grab herab, bei dem ich stehen blieb. Es war das Grab meiner Mutter. Da schien alles nun zu flüstern und zu lispeln, zu reden und zu deuten. Das lebendige Bild der Lieben und der Verehrten stieg mit seinem Gesicht und mit des

Gesichtes edlem Ausdruck sanft und schleierhaft hinauf aus des grünen, stillen Grabes unfaßbarer Tiefe. Lange stand ich da. Doch nicht traurig. Auch ich und du, wir, wir alle kommen einst dahin, wo alles, alles still ist und beschlossen ist und alles aufhört und alles sich auflösen muß zu einem Schweigen.

Nachwort

when my eyes were stabbed by the flash of a neon light
that split the night
and touched the sound of silence ...
Simon & Garfunkel: The Sound of Silence

Ein Buch der Stille – eine Einladung an den geneigten Leser und die verehrte Leserin, der profanen Gegenwart zu entfliehen und ihm an einen anderen Ort zu folgen. Zu Refugien und Inseln, fern der Bildschirme und rasenden Verbindungen, weit weg von Telefonen, Klingeltönen, Straßenlärm und Stimmengewirr. Zu Formen der Stille, wie man sie vereinzelt in der Natur, im Gebirge oder auf dem Meer finden kann. An seltenen Plätzen und in Landschaften, die jedoch die meiste Zeit unerreichbar fern sind.

Weil es die feinen Störgeräusche gibt, diese elektromagnetischen und akustischen Impulse in der Luft, kleinste, kaum hörbare Schwingungen, die scheinbar niemals aufhören, sehnen wir uns nach der absoluten Stille. Der große amerikanische Komponist der Neuen Musik, John Cage, meinte diese Stille im schalltoten Raum finden zu können. Doch er hörte zwei Töne, einen hohen und einen tiefen: seinen Blutkreislauf und sein Nervensystem. Und sagte später: »Bis ich sterbe, werden Geräusche sein. Und diese werden meinen Tod überdauern.«

Schöne Literatur hat eine Seite zur Kontemplation, zur Sammlung der Gedanken.

Sie will, sofern sie eine ethisch-moralische wie ästhetische

Struktur hat, nicht zerstreuen oder vorrangig unterhalten. Sie will den Leser auf den Grund der Reflexion und des Empfindens führen: zu sich selbst. Zu allen menschlichen Gründen. Treffend heißt es bei Brecht: »Der Denkende übersteht den Sturm in seiner kleinsten Größe.«

Dass Literatur eine Form der Meditation sein kann, wissen wir. Meditationen dienen der inneren Aufhellung und Klärung. Wer erleuchtet wird und sich erleuchtet, findet einen Weg heraus aus der Konfusion der Welt. Findet einen Ruhepol, der trotz unseres beschleunigten Lebens, eines oftmals hektischen und strapaziösen Alltags, existiert. Dieses »Meer der Ruhe« ist jedoch kein Pauschalangebot zu bloßer innerer Einkehr und Entspannung. Es kennt Wellen und Seegang, Beunruhigungen und die Gefahr. Eine Ruhe nach dem Sturm oder vor ihm, das kommt auf den Betrachter an. Doch wie steht es im letzten Text dieser kleinen Sammlung geschrieben: »Auch ich und du, wir, wir alle kommen einst dahin, wo alles, alles still ist ...« (Robert Walser, *Das Grab der Mutter*).

Zur Ruhe kommen, heißt auch, die Zeit für einen Augenblick anzuhalten. Was kann ein Buch mehr? Anhalten, um sich der Welt(en) gewahr zu werden.

Tom Schulz, im Februar 2012

Quellennachweise

Rose Ausländer (1901-1988), Insomnia II. Aus: Dies., Die Nacht hat zahllose Augen. © S. Fischer Verlag GmbH, Frankfurt am Main 1995.

Jürgen Becker (*1932), Die Ruhe auf Kreta. Aus: Ders., Erzählen bis Ostende. © Suhrkamp Verlag Frankfurt am Main 1988.

Samuel Beckett (1906-1989), Texte um Nichts. Aus: Ders., Erzählungen und Texte um Nichts. Aus dem Französischen von Elmar Tophoven. © Suhrkamp Verlag Frankfurt am Main 1997.

Raymond Carver (1938-1988), Ruhe. Aus: Ders., Wovon wir reden, wenn wir von Liebe reden. Aus dem Amerikanischen von Helmut D. Frielinghaus. S. Fischer Verlag GmbH, Frankfurt am Main 2010. Für die deutsche Übersetzung © Helmut D. Frielinghaus. Abdruck mit freundlicher Genehmigung.

Max Frisch (1911-1991), Antwort aus der Stille. Eine Erzählung aus den Bergen. © Suhrkamp Verlag Frankfurt am Main 2009.

Sylvia Geist (*1963), Indisch Blau. Originalbeitrag. © Sylvia Geist. Abdruck mit freundlicher Genehmigung der Autorin.

Patricia Görg (*1960), Kliff. Aus: Meer der Ruhe. © Berlin Verlag, Berlin 2003.

Hermann Hesse (1877-1962), Wanderung. Aufzeichnungen. © Insel Verlag Frankfurt am Main und Leipzig 1995.

Wolfgang Hilbig (1941-2007), In der Schillerstraße. Aus: Ders., Werke. Erzählungen und Kurzprosa. © S. Fischer Verlag GmbH, Frankfurt am Main 2009.

Marie Luise Kaschnitz (1901-1974), Beschreibung eines Dorfes. Aus: Dies., Gesammelte Werke in sieben Bänden. Zweiter Band: Die autobiographische Prosa I. © Insel Verlag Frankfurt am Main 1981-1989.

Lu Xun (1881-1936), Laozi wandert aus. Aus: Ders., In tiefer Nacht geschrieben. Aus dem Chinesischen, mit einer Zeittafel und Anmerkungen von Yang Enlin und Konrad Herrmann. Reclam Verlag, Leipzig 1981.

Marie T. Martin (*1982), Brandung, das Leuchten. Originalbeitrag © Marie T. Martin. Abdruck mit freundlicher Genehmigung der Autorin.

Rainer Maria Rilke (1875-1926), Fragment von den Einsamen. Aus: Ders., Sämtliche Werke. Band V. Insel Verlag Frankfurt am Main 1965.

Adalbert Stifter (1805-1868), Granit. Aus: Ders., Bergkristall und andere Erzählungen. Insel Verlag Frankfurt am Main 1980.

Robert Walser (1878-1956), Das Grab der Mutter. Aus: Ders., Sämtliche

Wege zur inneren Ruhe

Schon Friedrich Nietzsche hat Marc Aurels Wege zu sich selbst als »Stärkungsmittel« empfohlen. Auch heutigen Lesern kann dieses Buch des großen Stoikers ein wertvoller Begleiter durch den Alltag und Anleitung zur inneren Ruhe und Gelassenheit sein.

Aurels meditative Gedanken und Aphorismen zeugen von großer Lebensweisheit und Liebe zu den Menschen. Das Glück im Inneren finden und sich nicht von den äußeren Stürmen mitreißen lassen – das ist die wertvolle Erkenntnis dieser unvergänglichen Sammlung von Leitsätzen.

Marc Aurel, Wege zu sich selbst
Aus dem Lateinischen von Otto Kiefer. insel taschenbuch 4027. 197 Seiten

Anleitung zum Glücklichsein

Was ist das Glück? Das fragte sich schon vor 2000 Jahren der römische Philosoph Seneca und verfaßte mit seinem Werk *Vom glücklichen Leben* die bis heute meistgelesene und genaueste Anleitung zum Glücklichsein. Alltagsnah beschreibt der Philosoph die höchsten Güter des Menschen – Gesundheit, Freiheit, Harmonie und Schönheit – und stellt sich die Frage, weshalb vor allem die innere Ruhe für das Wohlbefinden eines Menschen so bedeutsam ist. Kaum ein Text der Antike ist so klar und leicht verständlich zu lesen und so mühelos auf die heutige Zeit anzuwenden.

Seneca, Vom glücklichen Leben. Herausgegeben und aus dem Lateinischen übertragen von Heinz Berthold. insel taschenbuch 4045. 162 Seiten

Die fabelhafte Welt des Jean-Marie

Eigentlich will Jean-Marie zur See fahren. Aber dann improvisiert er für eine englische Baronin eine Mahlzeit. Und die trägt ihm eine Empfehlung an ein altehrwürdiges 3-Sterne-Restaurant in Paris ein. Dort tafeln Aristokratinnen und Anarchisten, große und kleine Ganoven, Mätressen und Maharadschas. Noch interessanter geht es aber in der Küche zu – hier begegnet Jean-Marie der wahren Liebe seines Lebens.

Köstlich und leicht wie ein Soufflé, lebensklug und witzig wie ein Tischnachbar im Paradies: die Geschichte eines jungen Mannes, der nach Paris kommt und dort leben, lieben und kochen lernt – nur nicht in dieser Reihenfolge.

Idwal Jones, Die Sterne von Paris. Ein Roman der kulinarischen Abenteuer. Aus dem Englischen von Andrea Fischer. insel taschenbuch 4021. 223 Seiten

Süchtig nach Grün

Gärtnern, die große Leidenschaft, treibt unterschiedliche Passionsblüten: von Menschen, die mit Lust im Sand und in der Erde wühlen, und anderen, die lieber fremde Gärten bewundern. So schwärmt Maurice Maeterlinck für Orchideen, Gertrude Jekyll erfreut sich an prachtvollen Farbeffekten im Staudenbeet, Eva Demski hofft, daß die Samen aus den Lügentütchen in ihren Blumentöpfen aufgehen, René Schickele betet seine Pfingstrosen an, und Lady Wardington geht eifrig auf Maulwurfjagd.

Leidenschaftliche Gärtner. Ausgewählt von Elsemarie Maletzke. insel taschenbuch 4114. Etwa 180 Seiten

Endlich Frühling!

Die Tage werden wieder länger, die Sonne blinzelt um die Hausecke, die ersten Tische vor den Cafés sind besetzt und die Winterjacken bleiben im Schrank. Endlich Frühling! Die winterliche Häuslichkeit weicht dem Drang, jede freie Minute draußen zu verbringen. Die Blätter der Bäume treiben aus, die Tulpen und Krokusse färben Beete, Parks und Blumenvasen und wecken als untrügliche Vorboten die Freude auf das nahende Osterfest.

Von Frühlingserwachen und Frühlingsgefühlen erzählen die Geschichten in diesem Band …

Endlich Frühling. Ausgewählt von Patrick Hutsch. insel taschenbuch 4104. Etwa 180 Seiten

SIEGFRIED UNSELD

Goethe

EIN BAUM

und

it

UND EIN

der

GEDICHT

Ginkgo

»Siegfried Unseld erzählt, mit
hinreißender Empathie, eine der
schönsten Liebesgeschichten.«
Süddeutsche Zeitung

»… daß ich Eins und doppelt bin«. Für Goethe symbolisier-
te das gefächerte Ginkgo-Blatt seine gespaltene Existenz als
Mensch und Dichter. Als Zeichen seiner Liebe, die er auch um
seines Werken willen opferte, schickte er Marianne von Willemer ein Blatt des Ginkgo-Baumes. In der Stimmung des end-
gültigen Abschieds entwarf er jenes Gedicht, das wie kein anderes die Ambivalenz von Liebe und Kunst einfängt.
Siegfried Unseld beschreibt die Geschichte des außergewöhnlichen Baums, er schildert die Beziehung zwischen Goethe und
Marianne von Willemer und die Entstehungsgeschichte eines der bedeutendsten Gedichte der Weltliteratur.

**Siegfried Unseld, Goethe und der Ginkgo. Ein Baum
und ein Gedicht.** Mit Abbildungen. insel taschenbuch 4052.
128 Seiten

Eine Wanderung durch Hesses Werk auf den bunten Spuren des Frühlings

»Es war Frühlingsbeginn. Über die runden, schöngewölbten Hügel lief wie eine dünne, lichte Welle das keimende Grün, die Bäume legten ihre Wintergestalt, das braune Netzwerk mit den scharfen Umrissen, ab und verloren sich mit jungem Blätterspiel ineinander und in die Farben der Landschaft als eine unbegrenzte, fließende Woge von lebendigem Grün.«
Hermann Hesse

Der »unendlich schöne« Frühling inspirierte Hermann Hesse zu einer Vielzahl an Gedichten und Betrachtungen, in denen er über den Zauber und die geheimnisvolle Aura des Frühlings sinnierte.

Hermann Hesse, Frühling. Ausgewählt von Ulrike Anders. insel taschenbuch 4117. Etwa 120 Seiten

»Was für ein ergreifender Roman über die Wunder des Lebens.«
Freundin

Äthiopien in den sechziger Jahren: Die Zwillingsbrüder Marion und Shiva wachsen nach dem Tod ihrer Mutter und dem spurlosen Verschwinden ihres Vaters als Waisenkinder im Missionskrankenhaus heran. Beide sind unzertrennlich und wollen, wenn sie erwachsen sind, selbst Ärzte werden. Während Marion von seinem Ziehvater in die Chirurgie eingewiesen wird und die Schule besucht, bildet sich der hochbegabte Shiva autodidaktisch zum Arzt aus. Erst die Liebe zur selben Frau lässt die beiden Brüder zu Rivalen werden. Marion flieht aus dem von Unruhen erschütterten Land in die USA, wo er in seiner Arbeit als erfolgreicher Chirurg in einem New Yorker Krankenhaus aufgeht. Doch dann holt ihn die Vergangenheit ein, und er muss sein Leben in die Hände der beiden Männer legen, denen er am wenigsten vertraut: seinem Vater, der ihn im Stich gelassen, und seinem Bruder, der ihn betrogen hat.

Abraham Verghese, Rückkehr nach Missing. Roman.
Aus dem Amerikanischen von Silvia Morawetz. insel
taschenbuch 4000. 841 Seiten

»Hab den Mut zu leben, denn sterben kann jeder.«

Als Frida ein kleines schwarzes Notizbuch geschenkt bekommt, ahnt sie noch nicht, wofür sie es eines Tages benötigen wird. Auf der ersten Seite steht die Widmung: »Hab den Mut zu leben, denn sterben kann jeder.« Und Frida hat Mut. Sie trotzt den vielen persönlichen Rückschlägen und nimmt sich vom Leben, was sie will. Doch Frida lebt geborgte Tage. Ihr schmerzender Körper erinnert sie stets an ein Geheimnis, das sich in ihrem Notizbuch offenbart: Vor Jahren schloss sie einen Pakt mit einer geheimnisvollen Gestalt, die sie fortan begleitet, bis eines Tages der Zeitpunkt einer letzten Zusammenkunft bevorsteht …

Das geheime Buch der Frida Kahlo ist ein fesselnder Roman, der die geheimnisvolle Seite des extremen Lebens der Künstlerin schildert, aber auch ein kulinarischer Roman, mit vielen raffinierten, persönlichen Kochrezepten von Frida Kahlo.

Francisco Haghenbeck, Das geheime Buch der Frida Kahlo. Roman. Aus dem Spanischen von Maria Hoffmann-Dartevelle. insel taschenbuch 4001. 282 Seiten

Eine Geschichte von Abenteuerlust und weiblichem Freiheitsdrang.

Ein Neuanfang sollte es werden, als Harriet und Joseph Blackstone von England nach Neuseeland aufbrachen. Von einem Leben in Wohlstand träumten sie, aber als Joseph im Fluss neben seinem Haus einen Schimmer von Gold entdeckt, kennt er nur noch ein Ziel. Er lässt Harriet und seine Mutter zurück und macht sich auf zu den Goldfeldern, zusammen mit vielen anderen Glückssuchern. Auf der Suche nach ihrem Mann reist Harriet ihrem eigenen Traum entgegen.

»Rose Tremain schreibt die besten historischen Romane unserer Zeit.« *Evening Standard*

Rose Tremain, Die Farbe der Träume. Roman. Aus dem Englischen von Christel Dormagen. insel taschenbuch 4002. 459 Seiten

Ungeduld des Herzens

Die junge Spanierin Inés Suárez wagt sich an der Seite des charis-
matischen Feldherrn Pedro de Valdivia an die Eroberung Chiles.
Mut und Leidenschaft sind ihre herausragenden Eigenschaften,
auch wenn es darum geht, ihre Liebe zu verteidigen und ihren
eigenen Weg zu gehen.

»Ein Epos – und was für eines!« *Tages-Anzeiger*

»Eine der spannendsten Frauen der spanischen Geschichte und
ein hinreißender Roman.« *Brigitte Woman*

Isabel Allende, Inés meines Herzens. Aus dem Spanischen
von Svenja Becker. insel taschenbuch 4004. 394 Seiten

**Ein fesselnder Roman über un-
bändige Gefühle und verdrängte
Leidenschaften.**

Richard Flanagan

BEGEHREN

Roman

1839: Der Gouverneur von Tasmanien und Polarforscher Sir
John Franklin und seine Frau holen das Aborigine-Mädchen
Mathinna zu sich ins Haus. Sie wollen »die Wilde« durch strenge Erziehung zivilisieren. Als Franklin Jahre später nach England zurückbeordert wird, lassen sie das Mädchen entwurzelt
und zutiefst verstört zurück …
Zwanzig Jahre später: Im Überlebenskampf im ewigen Eis soll
Sir Franklin dem Kannibalismus verfallen sein. Kein Geringerer
als Charles Dickens soll dessen Ruf und Ansehen retten. Dabei entdeckt auch er an sich plötzlich eine »wilde« unbezwing-
bare Seite …

»*Begehren* ist eine Wucht von Roman, ich habe seit langem kein
Buch so gierig ausgelesen, um es dann gleich nochmal zu lesen.
Herzzerreißend das Ende, das ganze Buch eine schwere Wahr-
heit, ich las wie ein Rasender.« *Sten Nadolny*

Richard Flanagan, Begehren. Roman. Aus dem austra-
lischen Englisch von Peter Knecht. insel taschenbuch 4012.
302 Seiten